移住女子の里山ぐらし

きぼうしゅうらく

佐藤可奈子

発刊によせて

新潟県知事　花角　英世

書籍『きぼうしゅうらく』の発刊をお喜び申し上げます。

香川県出身の佐藤可奈子さんが、本県の農村集落に魅力を感じて一人飛び込み、課題に直面しながらも人との支え合いや関わりなどを通じて乗り越え、自分らしく生きていく姿は、新潟での暮らしが魅力的な生き方として、多くの人の心に響いたものと感じています。

人口減少問題が大きくクローズアップされている中、この一冊を通じて、佐藤さんのように新潟の魅力・新潟らしさのある暮らしぶりに共感する人が一人でも多く増えることを願っています。私も、「住んでよし、訪れてよしの新潟県」の実現に向け、取り組む決意を新たにしました。

今後、佐藤さんが、さらにどのように新潟の魅力を引き出し、自分らしくご活躍されるのか、私自身も心躍らせながら、大いに期待しております。

はじめに　自分らしい、しあわせのあしあとをつける

　私が6軒13人の、いわゆる限界集落と呼ばれる池谷集落に出会ったのは２００９年、大学3年生の頃。国際ＮＧＯ「ＪＥＮ」が行う中越地震の復興ボランティアがきっかけでした。その後、大学を卒業する２０１１年2月に移住し就農しました。当時はまだ移住や就農の支援制度は今ほど整っておらず、裸一貫、地域に支えられての単身移住でした。

　移住前後は、全方面から「なぜ」を投げかけられました。なぜ農業なのか、なぜ過疎地なのか、なぜ豪雪地なのか、なぜ今なのか…。今思えば、こうありたいという大人たちの姿が、たまたまそこにあったからなのかもしれません。

　私は自分のことが大嫌いでした。なぜなら、他人と比べ、比べられる生き方をしてきたからです。太りやすい私は過激なダイエットとストレスで過食になったり、ガリ勉して進学校に入ったにもかか

わらず、急に頑張れなくなり学校に行かなくなったり。知らず知らず私は、自分に対して「こうあるべき」を押し付け、生きづらさを感じていました。自分がなにものなのか分からなくなった私は、大学進学後にやりたいことや心動くことを全て行うことにしました。

そんなとき、アフリカでの紛争解決の勉強や、学生団体で難民支援活動をしていたご縁から、JENを通じて池谷集落に出会いました。池谷集落は中越地震以降、「限界集落から脱したい」「過疎地から脱して、日本中の過疎地を元気づけたい」という諦めかけていた思いを言葉にし、たくさんのサポーターを増やしていた時期でした。思いを言葉にすることで、限界をきぼうに変えてゆく姿は衝撃的でした。

そんな夢を語る池谷集落の農業者の方々は、私が移住する前から里山農業が生む人生観や美意識を教えてくれました。農業は本質のかたまり。私のメモには、ありのままの私を受けとめ、指導してくださった農作業のあれこれだけでなく、心動いた言葉たちも走り書きされています。泥のはねたメモ帳は、私にとっての北極星となりました。

作物や手仕事、文化や風景などを消費する側ではなく、生み出す側となることで、「足元からくらしを豊かにしてゆく姿」。変化が激しい時代に、人間らしい感性を持ちながら、失敗と挑戦を繰り返すことで、「未来を豊かにしてゆく姿」。そして、「きぼうを語り続ける姿」。それらは、当時国際紛争や社会課題に向き合いながら「どう生きたら自分も世の中も、心地よくなるんだろう」と考えていた私にとって、こんな大人になりたい、そのために情熱を注いでみたいと思わせる姿でした。かけがえのない自分の心が動き、感じたときめきを、信じたいと思いました。

生産性や経済性、同質性が重視されすぎるくらし、学校、仕事、生き方に感じた生きづらさ、その一方でとてつもないスピードで変化してゆく今、「わたし」を守り、明かりを灯す北極星を見失いたくなかったのです。私が私らしくあるための、挑戦でした。

「きぼうしゅうらく」というのは、「なんでもうまくいっている成功した集落」という意味ではなく、「限界をきぼうに変える力」「小さな日々からきぼうを見いだし、きぼうを語る力」を持つ人や集合体のこと、と思いを込めました。

５年間、新潟日報で書かせていただいた「きぼうしゅうらく」は、自分らしいしあわせの形と、地域らしさは何かに向き合い続け、模索してきた泥のはねた不格好なあしあとであり、里山農業から、心動く世界を届けられるように、と書き続けた願いです。

書籍化にあたり、それぞれのエッセーにくらしの北極星となるタイトルをつけ直しました。

先日、２人目の娘が産まれ、そして入れ替わるように、農業の先生のうち１人がこの世を去りました。同じ１年は二度とない。悲しいこと、嬉《うれ》しいこと、自分の力ではどうにもならない悔しいこと、さまざまな変化をしてゆくなかで、自分らしい、しあわせのあしあとをつけていこう。

山から吹く風に言葉を乗せて、どうか皆さまに届きますように。

きぼうしゅうらく

もくじ

第1章

たがやす

移住3年目、
くらしもしごとも形をなしてゆく
2014年

多様が共生する自然界にならう

先月20日、十日町市池谷集落への移住3周年だった。偶然にも移住記念日に、1年目から、みっちり農業の面倒をみてくれた橋場さん、山本浩史さんと一緒に農業委員会に行った。田んぼの一部を、春から坂下名義でスタートするためだ。

農地の存続期間に「10年」と書く。10年の責任…ぐっと押す判子《はんこ》にも気持ちが乗る。

農業委員会会長の阿部三代継さん（なんと80歳！）がこんな話を聞かせてくれた。

「昔、牧野富太郎という、植物にたぁくさんの名前をつけた植物学者さんがいてね。その人は珍しい植物を見つけたから、それを育てようと周りを刈って守った。でも、結局全滅した。共生して残ってたのに、自然に反して邪魔ものをのけたから。農業もきっと同じで、大きいものだけにするんじゃなくて、大規模な農家、兼業とか中規模農家、そして家族経営や自家用の小さな農家、そんな多様なのが共生するから、ひとつの地域が保たれる。僕は、こういう未来の農業のあり方がいいと思うんだ」

橋場（曽根藤一郎、咲子）さん夫婦

阿部三代継さん

女性で、事業主で、この小さな地域で、どんな農業のあり方がいいのか、ずっとずっと考えていたので、阿部さんの言葉にドンと背中を押された。

ホコホコした気持ちで帰る。すると30センチ四方くらいの、トンデモ豆腐ができていた！　橋場さんが自分の大豆と落花生で作ったそう。それをザクっと切って、切るそばからも濃厚な豆の香りがブワァーとして卒倒しそうだった。ふたりで「こりゃうめぇ！」なんて言いながら、たらふく食べた。

満たされた余韻が残る中、豆乳を搾るための手ぬぐい、豆腐を作るために改造された菓子缶を洗っていると、その手ぬぐいは菓子缶にぴったりはまるように四隅、袋状に丁寧に縫われてあることに気付いた。

ああ、昨年亡くなった奥さんの咲子さんが縫ったんだ…。それで父ちゃんは豆腐を作ってるんだなぁ。その縫い目を見て涙が滲《にじ》む。「坂下さぁん、農業ガンバッテルねぇ」という声が思い出された。咲子さん、坂下は「まだまだだ」なんて言われながら、4年目になったよ。

２０１４年３月15日 掲載

立ち止まらず足動かす

山は一気に目覚め始める。気付けばうぐいすが喉を鳴らし、山は1日ごとに青みを増してゆく。ふきのとうが畦《あぜ》に湧いてきたかと思うと、うどにこごみ、うるい、とりあし（トリアシショウマ）もそれを追いかけ、むしろにぜんまいが広げられる頃には、つばめが春空を滑ってゆく。

田んぼへ稲の苗出しも終え、ふぅとシートを被《かぶ》せると、やっと忙しくなってくるぞ感をじわじわ実感する。

シートをはぐまでの間は、移住1年目から、けつぶくろ（着物の袖を切って、腰で裾を結び、お尻の袋状になっている所に山菜をどんどん入れる）を着て、ライオン教育のごとく谷や崖に落とされ(?)、山菜採りに連れていってくれた。あれはまさにロッククライミング。

遠くの斜面にほんのちっぽけな人影が動く。それは同じ集落に住むもう80歳近い橋場さんだったり、曽根イミ子さんだったりする。恐るべし強靭《きょうじん》な体力。

初めは斜面を降りるだけでぜえはあ言い、話にならないと言われていた私も4年目にしてやっと微《かす》かに山の全貌が見え始め、山が楽しくなり、単なる草が名前を持つようになり、なんとかぜんまいやうどを採れるようになった（と言っ

山菜採りの山からの風景

ても、恐らく「まだまだだ！」と言われるかも…）。

「山は集落みんなのもの。縄張りはあっても、誰の土地だから入るな、ということはない」「ブナはよく知っている。どんなに雪消えが早くても、池谷のブナ林が青くならないうちは山菜の出は本調子じゃない」「向こうの山に、ああやって白い花が咲いてくると、今年は豊作だってことなんだ」

池谷の人たちは自然が、私たちに何を語りかけているか、翻訳してくれる。稲も自然も、この陽気も会話をしようとしたとたん、そのあまりの饒舌《じょうぜつ》さに驚く。

「失敗して初めて学ぶんだから。どこを伝っていこうか、どう登っていこうか、目で見て迷ってあぁどう行こうかと立ち止まってるんじゃなくて、とにかく足を動かして歩いてみろ」。そう言って急斜面の先を行く橋場さんの背中は、腰は曲がっても、若者のままのよう。それは山と語り尽くした姿だった。

２０１４年５月３日 掲載

のんびり楽しくが、縁繋ぐ

山が生き返る。活気だつ山の緑たちの代わりに、蛙《かえる》がぎゃあぎゃあ春を謳歌《おうか》する。

池谷集落の奥には、１９８９（平成元）年に廃村になった入山《いりやま》集落がある。廃村とは言え、雪が消え、通行止めになっていた道があくと、通いで農業をする入山の人たちが山に集まってくる。

先日、入山で道普請があった。山の水が滞りなく、田んぼや水路をゆくために約3キロある側溝をみんなで掃除する。入山の場合は年に3回。

集落を出た人の息子さんから、まだまだ現役の80代のおじいちゃんまで、毎年集まり一緒に汗を流すこの道普請は、大変な作業ではあるが、入山の場合、不思議とのんびり楽しい雰囲気がある。

「この時期一番の仕事を『はるいだし』と言ってね。冬眠から覚めたばかりだから、一番体にこたえるんだ」

にやりと笑って、皆がばらける。

毎年、山本丑松さんは、道を進むたびに山の解説や歴史を教えてくれる。古文書を読める丑松さんが、道中で語る歴史講座、おのおの途中で採る山菜が軽

山本丑松さん

山本浩史さん

トラの座席に増えてゆく姿、木陰で笑う変わらぬ顔。どれもあたたかい。気持ちよく道がきれいになってゆき、わき水が滑るように流れてゆく。

道普請の夜は毎回、入山の人たち行きつけの「山田屋」で慰労会。「入山んしょは、店の酒が絶えるまで呑《の》まんだんがぁ！」と笑われながら重ねていた慰労会も、みんな年を取ってきて、最近は「かべが落ちたな（量が少なくなった）」なんて言われるようになった。それでも毎回楽しくて、たった年3回の集まりだが、今はなき集落が縁を繋《つな》げてくれている。

その日は山本浩史さんの家に泊めてもらった。車の中で「あぁ楽しかったなぁ」「呑んだなぁ」「はらくっちぇ」

ぽつりぽつり会話が通う。

「いいですね、なんだか入山の人たちは、自分たちの集落に対して楽しく関わってて。入山で田んぼしてない人も来てくれて、息子さん世代も来てくれて」

「入山はある意味、進んでるかもしれないな」

集落はないけれど、思いが、人が、この地域を今日も守っているのだろう。

２０１４年５月17日 掲載

くらしの中の、小さな祈りたち

一歩踏み出すたびに、広がってゆくおたまじゃくしをかき分けながら、田んぼの中を進んでゆく。植わったばかりの心もとない稲が、踏ん張っている。沢から下りる風がやさしい。背には山と、空。苗かごのひもが、肩に食い込む。腰をぐうっと伸ばしてから、また田んぼの中の小さな宇宙を進んでゆく。田植え機で植えたあとに、漏れがあるところを手で植え直す「補植」の作業もやっと終わった。

「稲の花が咲いた、ってな。田植えの頃、ごはんにきな粉をのっけて、小さい頃食べたこともあった」と、同じ集落の橋場さんは手にした餅に、きな粉をてんてんと付けて口にした。隠居さんは願掛けも兼ねて、毎年「大安」の日に田植えを始める。だれもかれも「豊作」を願い、田植えに向けて胸がざわざわし、毎日、空とカレンダーをにらんでいる。始まってしまえば、怒濤《どとう》の日々だった。

田植え機に乗って、もくもくと植えた。手が触れるほどそばに立つ山肌。向こうはじの畦《あぜ》には、小柄な橋場さんが立っており、その姿が水面に逆さにきれいに映っていた。

気持ちが「集中」という枠からこぼれだすと、「条(苗の列)」は乱れてくる。「条

隠居（庭野功・ヒサ）さん夫婦

の乱れは精神の乱れ」（「言葉の乱れは精神の乱れ」とちょうどその頃、ＮＨＫの朝ドラで聞いた）と身を正した。田植えも終わり、補植も終わり、働いて働いた頃、６月６日はやって来た。

　この日を「ろくろうえん（田休み）」と言うらしい。田《た》掻《か》き作業や機織りをしてはいけない、という日だ。昔は「柿の花を踏みながら田植えをする」と言ったくらい、田植えは今より随分遅く、またこの頃が一番田掻きが忙しい時期だったそうだ。しかしその「ろくろうえん」を破ると豊作を妨げ、地域にバチが当たるらしい。時間の流れとともに今では、なくなってしまった「ろくろうえん」だ。

　「春にな、山にあの白い花がわっと咲く年は豊作っていうんだ」。遠くの山に、もろもろっと咲いた白色を指さし、橋場さんが教えてくれた、まだ雪の残る道普請の春の日を思い出した。実りへの願い今、夏へ向かってゆく。

２０１４年６月21日 掲載

あるものを持ち寄って、家をつくろう

雨の匂いがする。土が湿ったような、甘酸っぱい匂い。ここずっと、雨の中、出荷用のナスを収穫する日が続いていた。ばたばたとカッパを打つ雨が強くなっては、霧雨となる繰り返し。山の折り目からは、目覚めたばかりの霧が、眠たげに立ち上る朝の5時。

そんな日々も、梅雨が明けると、空をこすりつけるように蝉《せみ》が鳴き始めた。下を向いて草取りをすると、汗の粒が鼻筋を通って土に落ち、しみさえつくることなく、消えていった。

私の集落には空き家がない。移住者を増やすためにも、十日町市の若手建築家ユニット「ｓｔｕｄｉｏ＊Ｈ５」（スタヂオエチゴ）さんの力を借り、集落で小さな家を建てることになった。お金をかけず、都会から来る人たちや地元の人たちと一緒に、たくさんの手あかをつけながら作ろうと、始まった。その地鎮祭が先日行われた。それはそれはぎんぎんに暑い日だった。

何台もの車でやってきたのは「水沢地区伝統芸能保存会」の人たちだった。昔は基礎となる石の上に柱を立てていたそうで、今回は地鎮祭のあと、伝統的な「石場かち」というやり方で、その石を打ち込む地固め作業をした。

水沢石場かち保存会のお母さん方はとっても元気！

石場かちの様子

ドーツキという太く長い丸太に縄が付けられ、石場かち唄を歌いながら打ち込む。手ぬぐいを巻いたお母さんたちが「おいでおいで」と呼んでくれて、私もてててっと走って、一緒に縄を握った。「よいよい、かちこめ！　よいよい、かちこめ！」。夏空に吸い込まれる労働唄が、場を一気に盛り上げる。棟梁《とうりょう》が腰を落として、じっと石を見る。

昔は、親戚中、仲間中で時間をかけて建てていた。お金がある人はお金を、技術がある人は技術を、料理ができる人は料理を、時間がある人は労働を持ち寄って。しかし、早い安い簡単なものに押される時流の中で、人は離散していった。いま、「新しいことが始まる」その瞬間、人が寄って炎天下の中、汗を流した。いい家が建つ。そんな予感がした。

2014年8月2日 掲載

出会うべく人に出会うため、ここにいる

8月8日は、「鍬《くわ》記念日」。移住した1年目、農業を主に教えてくれていた橋場さんに、「鍬使うの、うまくなったじゃねえか」と初めて褒められたから鍬記念日なのだと、日記帳に書いてある。台風のせいか、暑さも少し和らいだが、ナスの勢いは止まらない。

現在最盛期のナスは、市内の高長醸造場へ出荷しており、ここで味噌《みそ》漬けにされる。毎年8月、高長さんの仲間たちはマイクロバスに乗って長岡花火を見に行く。私もぎゅうぎゅう詰めのバスの中に交ぜていただき、本当に嬉《うれ》しかった。

どん、花火が上がる。みな空を見上げ口を開けて笑う顔、顔、顔が、一瞬浮き上がる。よいしょう、ほいしょお、とかけ声し、重い花火を一緒になって押し上げる。

花火が上がったあとの煙が、欠けた月に向かってゆっくり流れてゆく。火花の星は祈るように何度も空にばらまかれ、花火が終わるころには、月は川の下へ消えていた。そして、しあわせな気持ちをお土産に、人ごみの流れに身を任せて、帰り道を歩く。

長岡花火、１０年目のフェニックス

移住して1年目の帰りのバスの中のこと。おつかれさまぁとプシュっと缶をまた開ける。隣にいた高長さんの娘の信子さんが、旦那さんとのなれそめを話してくれた。同じ時期に十日町に戻ってきて、高長で知り合ったと。「だからね、縁ってあるんだよ。きっとね、かなちゃんも出会うべく人に出会うために、十日町に来たんだよ」。バスが揺れる。

移住してから、ただ目の前の農業を一生懸命すればいいと思っていた。けれど、住めば住むほど気付いたのは、地域は「家族」という単位で成り立っていることだった。いつしか私も家族がほしいと思うようになった。けれど、そうそううまくいくものではない。やっぱり寂しかった。

出会うべく人は、見つけられるのを十日町で待っているのか。当時、信子さんの言葉に慰められた。

今年も花火へ行った。今年は、ぎゅうぎゅう詰めの高長バスに、出会うべくして出会った人と並んでバスに揺られた。移住して4年目。11月1日、池谷集落で挙式することが決まった。

２０１４年8月16日 掲載

なぜ、「ふたり」になるのか

この夏は雨が多かった。だからこそ、久しぶりの晴れの日にする草刈りは本当に気持ちいい。汗でびっしょりになったまま、タイヤに背中を預けて軽トラの陰に座り、綿あめのような雲が流れているのを眺めた。谷から下りる風も冷たい。青空の下で、もっさりとした稲穂たちがじっとしている。

十日町市に移住した2011年のちょうど今頃、池谷に住む津倉さん夫婦は結婚50年、金婚式を迎えた。私はその頃ひとりだったので、2人の姿がとても眩《まぶ》しかった。移住したばかりで、周りの人はみんな年上で、友人もまだできず、どこへ行っても敬語でしか話せなかった。そんな私を2人は、晩ご飯によく呼んでくれた。金婚式の年の夏も、2人の食卓に並んだ。

「お前は理想が高いんじゃないのか」

「そんなつもりはないけど、でもいい人ってみんな既婚者ばっかで…」

「あのな、100%合う人間っていないんだよ。よくて6割。じゃあ残りの4割はどうするかって、2人で埋めるんだよ。上から目線なのも、偉そうなのも、失敗を怖がってるのも、かっこつけも、若いから仕方なくてな。そんなもん環境でいくらでも変わる。自分も相手も6割程度ってのを認めて、失敗も若

津倉（曽根武・イミ子）さん

さも受け止めて、比べないで、いいところを見つけるんだ」

となりで笑って、イミ子さんがお茶を飲む。

2人とも池谷で生まれて、池谷で「ふたり」になった。「50年たって、半世紀も年が違う可奈ちゃんにこうやって結婚したときのこと話してるの、ほんに不思議な気持ちなんね」

私の知らない2人の50年に思いを馳《は》せる。ふと野暮《やぼ》な質問をした。

「結婚って、なんのためにするもんですかね？」

「あのな、20代までは、自分で解決できる問題が多いけど、大人になると、ひとりではどうしても解決できないものが多くなる。それを2人で乗り越えるために、結婚するんだよ」

結婚式のときの写真を見せてくれた。もう見ることも触れることもできないあの瞬間、あの時代が絵画のように残っていた。結婚、というものに実感のなかった私に「ふたりになる」ことの意味を教えてくれた夏だった。

２０１４年９月６日 掲載

田んぼは、人と信頼の待ち合わせ場所

とんぼが空をこぐように飛び、稲刈りするはしから舞う粉が、太陽の光に反射する。

移住して初めての稲刈りのときも、雲ひとつなかった。背戸さんが、畦《あぜ》からカメラを構える姿はまるでお父さんだった。バスケット片手の背戸さんの奥さんが来て、昼前だと気付く。中には真っ黒なジャンボ爆弾おにぎり。両手にずっしりとお尻を落とすようなおにぎりの重みが、愛情の重さのようだった。「外で食べるまんまはうめぇて」と、皆でがふがふ食べて、また稲刈りに向かった。

背戸さん夫婦とはよく外で弁当を食べた。あれは去年の夏。いつもの爆弾おにぎりを食べ終わると、自然と背中が地面にひっぱられ、うとうと。近くにあったぬか袋を敷いて寝ころぶと、腰が伸びてすごく気持ちいい。ふと隣をみると、背戸さんが空に向かってタバコを吹かしていた。

「この風、袋に詰めて持って帰りてぇなぁ。山は空気が違わんど(違うんだ)」。廃村になった入山集落から街場に出て、通いで農業をしている背戸さんが、誰が聞くともなしにつぶやいて、ちょっぴり胸がぎゅっとなる。

風が腹の上をすべってゆき、うぐいすがかぶさるように鳴いた。夏色の空に、

背戸（星野昭一）さん

白い雲がゆうらゆうらのんびり流れる。自然と会話がなくなって、ちょっとだけ夢をみた。

　機械化が進んで、農業は孤独になっていったと思う。昔は田んぼが賑《にぎ》やかだったと聞いた。そこにはたくさんの役割と仕事があった。私は、見守ってくれる人たちがいたから、ど素人でも安心して農業に向かえた。一緒に汗をかき、おにぎりを食べ笑う人が山にいるから楽しかった。今では、都会の人と手間と汗をあえて共有し、生産者と消費者の枠を超え親戚のような繋《つな》がりができたから、安心感がある。

　お互いの信頼は、世の動きや物価がどうなろうと、ぶれずに、私たちを守ってくれる。田んぼは単に作物を生むだけの場ではなく、もっと体温があり、もっと縁を繋げ、安心をつくる可能性に溢《あふ》れた場所。そこに道をつくって歩いていきたい。

２０１４年10月４日 掲載

お客様と生産者、という名前を消そう

いつもは迫り来るような山が、ストンと力を抜いたようだった。気付けば山は、うっすらと黄みがかっている。はざかけするための稲を、軽トラにわっさわっさと積んで農道をゆく。「あぁ、ハンドルが重い」とつぶやくと、東京から来た友達が「1年の重みをこうやって体で感じられるって、羨《うらや》ましい。会社だと成果って終わりも実体もなくて、ふつう体感できないじゃん」と言った。ぐっと握るハンドルがじわっとあったかかった。

先日、「新米ぬーぼー」と題した新米を食べる会を開催した。いつも新米はひとりで味わっていたが、それを独り占めせず、一番おいしい最高のタイミングで、最高の場所で、1年に一度の〝初もん〟を食べる喜びを共有しようと始まった。そう、まるで「ボジョレ・ヌーボー」のように。アイデアを出した仲間たちがたくさん助けてくれた。天気に恵まれ、当日は大成功に終わった。

新米を発送したお客様からもたくさん声が届いた。「届いたよー！」「この日をいまかいまかと待って、やっと届いて感激！」「おいしくて3膳も食べてしまった」「幸せをかみしめました」などなど、お手紙やネットから声が届いた。

実は4回目の米作りだったが、自分で責任をもって栽培し、個人的にほしい

新米ぬーぽーの様子

という方にまるで縁故米のように販売したのは初めてだったので、その声がこんなに嬉《うれ》しくて、こんなに涙が出るほど感動したのは初めてだった。生きててよかった！

お客様と生産者、という名前が消え、家族のようにあったかい関係で、会話ができ、一緒に喜び、悩み、アイデアを出し合って形にする…。そしてその人たちに背中を押され、また1年がんばってこの場所で土に向かう。縁づくりは時間がかかる。でも、小さなコミュニティーだけれども、なによりも強くて深い。まだまだ小さいが、この安全地帯が、つくる安心と、へんな作はできないという責任を与えてくれる。

ブナ林で、新米を食べる幸せそうな皆の顔に、私も幸せになる。忘れられない一日となった。全てが地道で時間がかかる道のりだが、こんなに幸せな職業はない。農家になって、本当によかった。

2014年10月18日 掲載

お父さん、ありがとう

曇りの多い秋の変わりに、山は黄色にだいだい色、赤と絵本に出てくる太陽のように色づいてきた。枯れ落ちる直前の、最後のいっときを、目いっぱい謳歌《おうか》しているようだ。

これが読まれる頃、私は池谷集落のこの道を、花嫁姿で歩いている。

お父さん。私は勘当されたもんだと思っていた。「女は地元の短大でも行け」と言われた。でも世界はもっと広いのだと、勝手に願書を出して東京の大学に行った。東京にいる頃は、ほとんど連絡を取らなかった。

十日町に移住してからは、新潟の話はほとんど聞いてくれなかったね。

そんな私が、十日町の人と結婚することになった。香川に彼と願いに行った日は、一生忘れない。お父さんは朝から呑《の》んでべろべろだった。

「俺の記憶のかなこは、こんな小さいかなこで、それが結婚？　なんでや」「よく泣く子やけん、泣かすようなことはすなよ。苦しくても笑顔でおる子やけど、そんなことさせるな。泣いたら、俺はお前を新潟まで殴りに行くで！」。彼の願い入れに、讃岐弁で可、不可を繰り返す。くだを巻き出てくるのは、記憶をぴっちり線でなぞるように鮮明な、小さな頃の私が発した言葉や行動だった。眼鏡

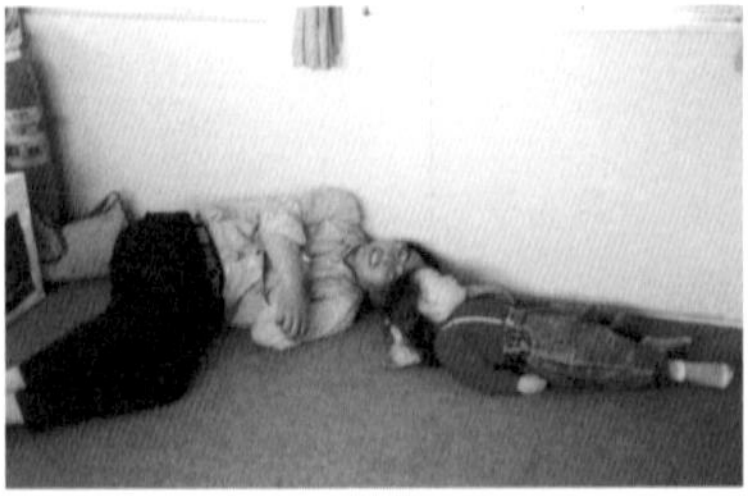

幼い頃、父とともに

の奥の目が、じわっとなると杯をあおった。どんと杯を下ろす。

「お前、かわいくなったなぁ。な、俺の娘、かわいいやろうが」

私は、涙が止まらなかった。私は、目いっぱい愛されていたことに今更ながら気付いた。親不孝な娘だった。

小さい頃、家が全焼した。けれど焼け跡から出てきた写真などを、母はまたきれいにアルバムにしていた。その日、初めて見た。私の記憶のない、愛された記録たちがそこにあった。

「私、死んじゃだめだ」。自分のことが大嫌いで、苦しくて、ぎゅうぎゅうに潰《つぶ》されそうだったときの私に伝えたい。

風になびく青々とした田んぼに立つと、ときどき香川の穏やかな海、なで肩の山、庭のみかんを思い出す。山から下りてくる風は香川から吹いているかもしれない。時間はかかるかもしれないけど、目いっぱいの愛を、返していきたい。お父さん、ごめんなさい。お父さん、ありがとう。

2014年11月1日 掲載

しあわせなおばあちゃんになろう

ワイパーを振るも、フロントガラスをぺたぺたと打ち付ける雨はやむ様子がない。どうにか晴れて。窓の外には傘をさした中学生が過ぎゆく。メールが入った。「雨降って地固まる。田んぼの土作り、田植えの時にはたっぷりの水が必要です。この先の嵐にも乾燥にも負けない強い苗を、今日の雨と共に植えてください」。心がぷかっ、と浮き上がる。真っ赤な紅が白無垢《むく》の唇にのった。

池谷集落のブナ林での挙式。飛渡《とびたり》地区の演劇会「飛芝の会」さん扮《ふん》する七福神が先導する、花嫁行列。そして、私が2年半過ごした池谷分校での手作り披露宴。全て、仲間たちが助けてくれた。大いに笑い、大いに泣き、ごうごうと心を打ち付ける滝のような感動の一日となった。

2人がひとつになることは容易ではなかった。仕事、住む場所、姓のこと、譲れないもの、大切にしたいもの、たくさん話し合い、泣いてもめて、一生懸命考えてまた泣いて、を繰り返した。時を重ねるうちに、2人の人生をひとつのお皿の上で考えるようになった。支え合いながら、お互いの夢を叶《かな》えてゆくこと。人は自立し、でも1人で完結するなんてできなくて、どうしても頼り合っ

たくさんの笑顔溢れる披露宴

て生きていくんだということ。この日を迎えるまで、多くのことを学び、そして、私たちには大切にしたいものがたくさんあることに気付いた。
ブナ林の、雨中の静寂に2人並ぶと、つっと涙が流れた。
「神前式の時、神主さんが祝詞を述べだすと雨が強くなって。花嫁行列するのに2人が着いた時も、変な風がその時だけ吹いて。山の神様は本当にいるのかも」と何人からか聞いた。山の谷底にあるような小さな集落の、大自然の懐で農業を始め、常に山は傍らにいた。背中をあたためる春の陽気、草取り中に顔を上げると、なぜてゆく風。べた塗りの青空。燃え上がる宇宙となる秋の山。尻もちしたような、真っ白なドカ雪。変わらない季節を、次は2人でめぐる。香川の陽気に似た、にぎやかであたたかい坂下家のような大家族とともに、私はこの山地で、しあわせなおばあちゃんになろう。

2014年11月15日 掲載

心ときめく感動がくり返される場所

集落が霧の繭に包まれてゆく晩秋の朝に、今年も心ひかれた。集落が空気に溶けてゆく。日が高くなると少しずつ白みは後退する。そのかわり、田んぼの毛穴から霧が吹き出て、まるで田んぼの神さまが空へ帰るように、ゆっくり空へ向かってゆく。音もなく、呼吸をしている。

軽トラが轍《わだち》に落ち葉を舞わせて、先をゆく。不思議と、軽トラがゆくその道のりにだけ、命が吹き込まれたようだ。黄色い落ち葉は思い出したように地面を蹴って、ふわっと舞う。どれもこれも、意思を持っているかのように見える秋。見とれながら、前の軽トラを追いかける。

道中に、むきだしのアケビがぶらさがっていた。こんな山の中にいながら、それはどこか知らない南国の海のような色をしていた。けれど、中をのぞくと、まっ白でやわらかい実が、あぁ冬晴れの雪原を思わせる。この小さなアケビの持つ風景に、胸をぎゅっとつかまれるほど、恋をする。

一昨年の秋、集落の隠居さんとキャベツを収穫した。茎を切るそばからあふれだす雫《しずく》。手を伝って、つうっと落ちてゆく。人間の体をめぐる血が赤色ならば、野菜たちから吹き出しあふれる液体が、なんと美しいこと。つややかな葉っ

初めて池谷集落に来た学生のころの私と、隠居さん

ぱの表面がなまめかしい。キャベツは私にじっと、問いかけてくる。2人して何度も「うまそげだ！」「いいねぇ」と歓喜した。

帰って、水滴に光る肌をふいた。仕上げにぽんっとキャベツの腹をたたくと、恰幅《かっぷく》のいい音がした。もう一度、「うまそうだ」と顔を見合わせる。「お嫁に行く前のおめかしだよ」。隠居さんはそう言って、丁寧に青いテープを巻き、またにやり。若く、みずみずしい胴体にテープを巻かれて、ほうら誇らしげだ。段ボールに詰めるときは、嬉《うれ》しくて嬉しくて、軽トラの助手席に乗せて、早く届けたい一心で車を走らせた。

この地域に来て「なんもない、娯楽もない」と言われてきたが、これほど心ときめく喜びと感動が何度も繰り返されることが、今まであったろうか。結婚式の片付けで出てきた、学生の頃の私の写真が、問いかけてくる。

2014年12月6日 掲載

雪はいつか止み、恵みをもたらす

雪が降った。大地に吸い付くように、空の切れはしが次々と落ちてくる。道の脇の白いミルフィーユが高くなるのと同じスピードで、私のわくわくも積もる。雪だ、雪だ。誰かに伝えたくなる。白い空が、呼吸をぼたぼた落としてくるんだ。立ち止まると、しんとした世界の中で、ごちゃごちゃしていた心も洗われる。雪、きみを待っていたよ。

先日、集落の橋場さん宅の屋根の雪下ろしをした。嬉《うれ》しくて階段をのぼる足が軽い。スノーダンプを握りしめ、屋根の上に広がっている懐かしい景色に「ひさしぶり」と心の中で話しかける。そんな嬉しさもつかの間。汗をかきながら固くて重い雪を落としてゆく。ぐっと足をふんばり、スノーダンプにひっぱられながら腕を振る。橋場さんは雪下ろしをはじめ、1年目からなんでも挑戦させてくれた。はじめの頃は、「おうい、落ちてないかぁ」と何度も呼ばれながら雪を不器用につついていた。そんな（きっと今も）危なっかしくドンクサイ移住女子に「こうやるんだ」と飽きずにそばで教えてくれた。

スノーダンプをぐさっと雪に差して2人で一服する。真っしろごはんにごま塩をかけたような山が、こちらと同じ高さの視線で見つめてくる。

屋根の雪下ろしも4年目

「昔はな、あの電線をまたいで街まで行ってたんだ。何時間もかけて役場まで歩いて歩いて」。そんな話を聞くと、そう遠くない時代の人たちの強靭《きょうじん》さに圧倒される。私は甘ちゃんだ。

「雪がやまなくて鬱々《うつうつ》して。そんなときどうしてます?」「そんなときは、あぁ降れ、降れって思っとくんだ。一生降るわけでなし、いつかは止むんだから」。体から湯気が立つ。「雪はいっぺ降ってくれねぇと困るんだ。この雪が夏の米の源になるし、命の恵みなんだ」

雪の良さを教えてくれたのは集落の人たちだった。豪雪も含め、地域の誇りと愛を語る大人たちがいたから、この場所を好きになった。追いかけたい背中が、地域に人をとどまらせる。

帰ると手のひらに豆ができていた。いつか後輩ができたら、橋場さんが育ててくれたように、教えられるように…。今年もばんそうこうを巻いた。

２０１４年12月20日 掲載

ハーイ、
ごはんですよー
って。

第2章

たねまく

おなかの中の子とともに、
変化にしなやかな農業を探す
2015年

自分の力ではどうにもならないものがあることを、知っている

すべてが枯れたかと思った秋の終わり。そんな短い秋のあとに、冬の春がやってきた。骨になり寒々しかった木々には、ぼた雪が咲く。一気に木々が華やぎ、息をのむ。ごつごつしていた山も棚田も角をなくして、なめらかな雪の海原になる。一瞬顔を出した太陽がひかりを落とすと、海原はまたたきはじめ、宇宙は雪原いちめんに広がる。立ち止まると、山は音をのみこんで、しんとした。

山を下ると、果てしない雪原にのびる、動物の足跡。道には誰かのガニまたの足跡。まきストーブの煙がもっくんもっくん立ちのぼる家がある。厳しい冬を越える仲間、足跡、すべての気配があたたかい。

もちろん暮らしは大変だが、雪のよさは、便利な街ではなく、山地だからこそ感じられるのかもしれない。そしてそこに住む人も夏と変わらない。

雪に振り回される冬だが、思えば農業も、自然や農政、世の動きに振り回されるもの。だからこそ集落の人たちが雪の存在を、農業と同じように大きな胸板で、黙って受け入れる姿はとても自然体だ。

私の前に池谷分校に住んでいた籾山旭太さん（現・日本農業実践学園学園長）が、私がまだ池谷に通う学生の頃、こんな話をした。「作物を育てていると、

籾山旭太さん

晴れ晴れとした雪の日の集落

自然が相手だから自分がどう努力してもどうにもならないことがある。学校では『努力すればなんとかなる。ガンバレ、ガンバレ』って言われるけど。でも村の人は、自分の力ではどうにもならないものがあることをよくわかっているから、心がやわらかいのかもね」。そんな冬の日を、石油ストーブの匂いとともに、思い出した。こうあらなきゃいけない、というものはきっとない。この場所で風のように生きている。

氷の混じった雪道を、ザクリと踏み出す。池谷の神社、雪に埋もれた階段の下で、夫と手を合わせた。皆が無事で健康で、また元気に田んぼに向かえますように。また春に、山の農道で、笑って会えますように。大切な人が昨年さらに増え、思いがけず今年は、たくさんたくさん願い事を重ねて、また雪道を帰った。

2015年1月17日 掲載

この世のすばらしさを、教える役目

それは突き抜けるような青空の年末だった。まさか。そう思いながらコンビニのトイレに入る。まさか、まさか！　じっと見る妊娠検査薬は、整然とした顔の青いラインがぴっと浮き上がっていた。陽性！

家路、なんどもなんども鞄《かばん》から出しては、そのラインを見つめ、眩《まぶ》しい雪山と青空の下をすり抜ける風のように車を走らせた。

どう切り出そう！　なんて言おう！　階段を駆け上がる。

「こーじくん、赤ちゃんだ！」。そう言った瞬間、涙が溢《あふ》れて止まらなかった。

「サンタさんからのプレゼントだね」と、夫はまだぺったんこのおなかをなでて、泣いた。

年が明けてから産婦人科へ。緊張しながらエコー写真を見る。

「これが赤ちゃんですね」。それはそれは、まっくらな大海に現れた、遭難中の小さな小舟のような黒い粒だった。君はどこから来たのだろう！　まっくらな世界に、君は心もとなくぽつんと浮かんでいた。君のこと、私たちが見つけたよ。

その後、同居する義祖父が、こんな話をしてくれた。

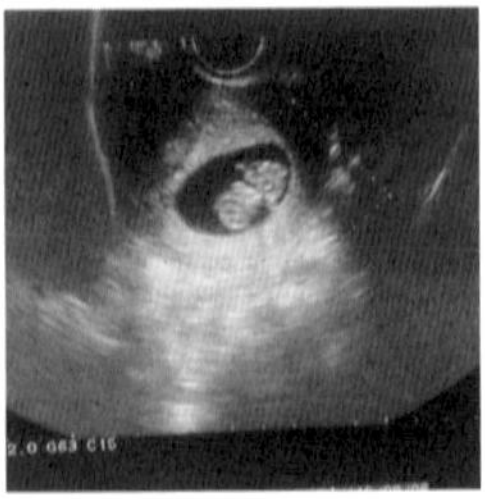

いのちがわが家にやってきた
（赤ちゃんのエコー写真）

「かなちゃん。大切にしてほしいことがあるんだ。赤ちゃんに声かけをしてあげて。赤ちゃんはおなかにいても分かるから、いまのうちに、たのしいことをたくさん教えてあげて。花がきれいだね、月がまるいね。そんなことでもいいんだよ」

あぁ、そうか。この世界は、こんなにたのしいものたちで溢れている。お母さんは、君が出会うであろうこの世界のすばらしさを、教える役目なんだ。

新たな家族ができるということが、こんなにも眩しく、感動と、涙で溢れているなんて。人生というものは、まだまだ、まだまだ素敵《すてき》なものが待っている。どんな君でも、私はうれしい。どんな君でも、全力で守ってゆく。私のお父さん、お母さんもこんな気持ちで、私を待っていてくれたのだろうか。おかげで、私もまだまだこの世界のたのしいこと、素敵なことを、たくさん見つけているよ。

こんな素敵な世界に産んでくれてありがとう。そして、まだまだ素敵な未来をつくってくのが、私たち大人の役目だね。

これから、君に会うための10カ月が始まった。

２０１５年２月21日 掲載

たくさんの人生と時代が、おなかから始まる

新たないのちが、私たちのもとへやって来たのと入れ違いで、去っていったいのちがあった。1月を過ぎてすぐ、母方の祖父が85歳で亡くなった。正月には香川に3日だけ帰った。なぜ、そのとき祖父のいる病院まで会いに行かなかったのか。おじいちゃん、結婚式よかったよ。こどももできたよと、なぜ、報告に行けなかったのだろう。また会える。そう思った気持ちに、悔やんで悔やんで、涙が止まらなかった。

そのときはつわりもひどく、朝から晩まで冬の荒れた日本海を航海しているような気持ち悪さだった。歩くとすぐ息があがり、吐く息も力が出ず、会話が苦しかった。身体が地面にめりこむように重く、世界は壊れてしまったようにぐるぐる回る。夜は夜で、胸がつかえて眠れなかった。

そんな中、なんとか香川まで帰省し、祖父の葬儀に参列した。火葬場で、祖父は骨になって出てきた。煙がくすぶり、台に寄ると、むっとした熱気の塊が留《とど》まっていた。長い人生の最後にふりしぼった、いのちの熱量のようだった。最後に会ったのは、夫と結婚の報告に行った一昨年の秋。ベッドに横たわる祖父のすっかり痩せた姿を見て、目頭がツンとなった。

祖父とともに春の日

祖父は立派な農家だったそうだ。地域の役もたくさんこなし、がははと笑う巨人だった。不思議な縁で農家になった私は、結局祖父と農家らしい会話をすることなく、祖父はいなくなった。私が大人になるにつれ、祖父と何を話したらいいのか分からなくなり疎遠になった。今なら、一番祖父と気が合う家族になれたのかもしれない。おじいちゃん、間に合わなくてごめん。

後ろから「かなちゃん」と弱々しい声の夫が呼んだ。「かなちゃんのおなかからいのちが始まって、こうやって終わるんだね。ひとって生まれ変わるかな」

いのちは、どこからやって来て、どこへゆくのか。つわりがつらいが、そのぶん一生懸命、私の身体に根付こうとしている、小さないのちのがんばりは、祖父たちの確かなバトンだ。たくさんの人生と時代がこのおなかにつまっていると思うと、私はひとりじゃないと思えた。

２０１５年３月７日 掲載

ひとりでなんとかしない

頬をさわる陽気が、いくぶんかぬくもりを持つようになった。まだまだ風は冷たいが、白い空から光がにじみ出てくる。

2カ月間の長いつわりのトンネルの先に、少し光が見えてきた。久しぶりに夫と池谷集落の橋場さん宅へ行った。今年の作付けの打ち合わせだ。

橋場さんは、もう種もみの塩水選から田植えまでのスケジュールを小さなメモに記入していた。「今年は池谷は雪がいっぺだから、去年より遅めかな」。長い冬を越えて、橋場さんの顔には、いつでもスタートを切れるスポーツ選手の、毛穴から吹き出るようなエネルギーを感じた。

私は今年も変わらず、田んぼとさつまいもは続ける。あれほど結婚前は、自分の農業はどうなってしまうのかと悩み、女は無理だからやめれと言われ悔し涙を流した。一人でなんとかせねばと戦っていた。けれどそれは間違っていた。

夫の親戚の方々からの「私たちも山から出て来た身だから、畑のこと手伝えることなんでも言ってね」と入院中に読んだ手紙や、一緒にがんばろうという、あたたかい言葉。「ふたりでひとつなんだから、今年は一緒に5時に池谷行く」と言ってくれた夫。「また稲刈りまで通わなきゃ！」「今年こそ頼ってね」と声

橋場さんは、もう春に向けての準備をしていた

をかけてくれるボランティアで今まで来てくださっていた方々。こういうことしようよ、と提案してくださる夫の友人たち。

いつしか、つわり中の孤独やいらいらから、これからの季節への安心感へ変わっていった。この地域のいいところに、たくさんの大人たちがこどもを見守っているというところがある。飛渡《とびたり》地区の濃実会《のうみかい》という会が主催する約200人規模の「川遊びの会」のなかで、たくさんの大人たちが背中でみせてくれて気付いた。この地域なら、安心して、いのちを見守ることができる。

「橋場さん、今年は農ボーイ（夫）も増えますが、今年も変わらずどうぞよろしくお願いします」

できる範囲のみとなるが、多くの支えのおかげで「今年も変わらず」農業ができることに、胸がいっぱいになって、そう言って頭を下げたとき涙がこみ上げてきた。

2015年3月21日 掲載

夢を描く先輩が磁石となり、後輩がつづく

十日町・津南ファーマーズ「ちゃーはん」ができた。十日町・津南町の若い農家さんたち16人で結成され、３月22日、「農とちいき、幕が上がる」と題してキックオフイベントを行った。総勢60人の大所帯となり、異業種の皆様と「幕を上げるワークショップ」「幕が上がる交流会」を行った。

ちゃーはんメンバーは、米、豚、野菜、花農家でなる。皆ものすごいエネルギーがあり、ひとつになって何かをしたいという思いはあった。そんな中、「全部の素材が一緒になるとチャーハンが作れるね」。そんなひらめきと、今夏に農家のギフトブック本を皆で作ろうという機運が合わさり、チームが始まった。素敵《すてき》ないっこいっこがひとつになって、よりおいしくなる。けれど私たちには卵農家がいない。だから、まちの人たちに卵になってもらって、農業との新しいかけあわせで、また新しいちゃーはんを作ることで、地域と農業の可能性をもっと広げたい。私自身もいち農家として参加し、またギフトブックを発案した身でもあるので、やっとスタートを切れてほっとした。

いま思えば、移住してすぐ、外にどんどんひっぱってくれたのは、メンバーの皆だった。移住したてで、まだ農業のことを分からない私を、飲み会や勉強

会にどんどん誘ってくれた。女子たちとは、女性農家として農業と結婚・出産の両立の相談相手にもなった。集落の人たちが私にとって、憧れ、追いかける農業の師匠であれば、今回のメンバーはともに「いま」を駆け抜け、悩み支え合う仲間だった。その二つがあって「あぁ、仲間がいて、本当に十日町に来て農業を始めてよかった」という安心感となった。単身移住した私がそうだったから、これから同じように農業を始めようとする後輩たちに、「安心して飛び込んでおいで！　私たちがいるよ！　そしてその向こう側には、まちの人たちがいるから！」と受け止められるような、チームになりたい。

今回のイベントでたくさんの異業種の皆様に支えられ、多くのアイデアをいただいた。これから皆で形にしていく、本当に幕が上がった。

２０１５年４月４日 掲載

たくさんの失敗を、伴走してくれた

春は水の音から始まる。遠い沢から雪解け水が滝となって、こらえきれず吐き出されていた。黙って重なり合ってゆく雪が、音までパタリと閉じ込めてしまった冬から、音が戻ってきた。山が呼吸をしている。

それから鳥の声。背中に当たる陽《ひ》の光。からっぽの私へ充電していく。ホースから出てくるわき水は、どこか若々しい。晩秋の刺すような水とは表情を変え、手の指の間を、絹のようにくすぐり、すり抜けてゆく。コンテナ洗いも気持ちいい。

ぴんと張りつめていた山が、ゆるんでいく。だから歩いてみたくなる。山の毛穴のはしばしからにじみ出るエネルギーに吸い寄せられるように。雪の解けたところからは、湿った土を押し上げて、ふきのとうがおでこを出す。近くでみようと顔を近づけると、頬にひんやりとした雪の冷気がさわる。顔を上げて、山のあくびを胸いっぱい吸い込むと、言いようのない喜びで胸が満たされる。

「山はいいですね」。吐く息と一緒につい言葉を出すと、隣で軽トラのハンドルを握る池谷集落の橋場さんが「山は季節で表情が変わるからね」と言った。人生の変化はこんなに怖いのに、変化のあるものの中で生きることは、どこか

春の集落を歩く（妊娠５カ月になりました！）

心地いい。

年明けからつわりで外に出られなくなってから、出荷するはずのさつまいもが、無駄になってしまった。本当に悲しかった…。「たくさん失敗するんだ。たくさんたくさんするほうがいいんだ」。そう言って、橋場さんが、一緒に片付けを手伝ってくれた。おらの作業場にもいつもたぬきが入って、食い散らかすんだ、と。頭を下げても下げきれない思いでいっぱいだった。

そんな話を夫にすると「橋場さんはいっぱい失敗してきたんだね」とつぶやいた。なんだか、じーんとした。私もたくさん失敗して、いつか後に続く後輩たちのたくさんの失敗もおなじように認め、作物のようにじっくりゆっくり育てていけるよう、一人前にならねば。たくさんの失敗を認め、ときに叱りながら、ときにやさしく受け止めながら、ともに学ぶ。移住して5年目、今でも憧れる背中がここにある。

２０１５年４月18日 掲載

多様が集まり楽しさを生む「結」

３年前までは、そこに池谷集落の橋場さんの奥さんがいた。奥さんが亡くなり、一昨年から橋場さんと私の２人になった。今年、夫が加わり３人で苗箱に土詰めをした。ひとりで覚えていたのが、ふたりで覚えるようになった。

先日、義祖父の米寿のお祝い会で、親戚たちは昔、みんなで農作業をし、みんなで大きなおにぎりをほおばった楽しかった思い出話をたくさんしてくれた。そして義父は、またそういうことをみんなでしたいと言っていた。生粋の大工家系なので、そんな言葉を聞いてすごく驚いた。

そんな話を橋場さんにすると、「『結《ゆい》』って言って、大変な仕事もわいわい大勢でやるのが本当に楽しかったんだ。いまは機械ができて１人でもできるようになったけど、張り合いがない。集まって、金じゃなくてみんなで手間のやりとりをするのがいいんだ」と教えてくれた。

農家、とはもっと広い意味でもよいのかもしれないし、農業、というものも、実は農家だけでなく、みんなのものであるのかもしれない。そんな特殊で懐深い業種だ。

こういう小さな山地は、勝つ農業もいいが、もっとそんな次元を超えて、ど

みんなで稲の苗出しの春

んな人もどんな距離に住んでいる人も、そこに交じって、つなぎ守る農業もありだ。農業の問題は農家だけでは解決できない。いろんなあり方もいろんな受け皿も認められ、どの人もここの村人。結はそこに人をつなげる。そんなことを思った今年はじめの農作業。そう気付いたのは家族ができたから。

突き抜けるような空の春の日。橋場さん、橋場さんの娘さん、十日町でできた友達、移住友達、移住女子のフリーペーパーを読んでインターンを始めた女の子、そして夫と義父。サラダボウルのような顔ぶれで苗出しをした。前日の夜、皆の顔を思い浮かべながら、まかないのちらし寿司《ずし》を仕込んだ。酢飯を切る手がわくわくのリズムを刻む。いつの間にか橋場さんは夫のことを「こうちゃん」と呼んでいた。どの年よりも嬉《うれ》しく、どの年よりも楽しかった。妊婦農業が始まる。田んぼの向こうに咲いたこぶしの花が、眩《まぶ》しかった。

２０１５年５月２日 掲載

変化・仕事・時間を分け合うと、皆幸せになる

軽トラの熱々とした荷台に腰を下ろして、爆弾おにぎりを食べる日が続いた。大根のみそ漬け、しゃけ、こんぶ、全部ごちゃ混ぜに真っ白なご飯に包み、お昼ごろにはちゃんと味が染み付いたお米がおいしい。荷台に広がるまだらな木漏れ日と、おたまじゃくしの動きに合わせて瞬《また》く水面。水を張った田んぼには、青空が流れ、隣で夫が伸びをする。

どこまでが無理で、どこまでできるのか…おなかが痛くなったらちょっと休むの繰り返しの農繁期だった。集落の方を始め、家族、夫の親戚、県外の友達、たくさんの人たちに助けられた。申し訳ない気持ち半分、復活したらしっかり返さなきゃいけないんだという覚悟半分の気持ちだ。

助けてもらって当たり前、自分の穴は自分で埋める、それぞれ持っているものを奪い合う、ではない。一緒のお皿にのった、お互いの長い人生の中の変化や仕事や時間を分け合い、そして、これからもある長い未来の道のりの中で、補い合いながらお皿のバランスを保ち、どの人も幸せで何があっても安心できるような歩み方。それが運命共同体のような家族、仲間であり、「結《ゆい》」なのだろうか。妊婦、という立場の弱さからか、当たり前の「助け合う」「頼り合う」

朝の田んぼ

ということが、いつも一人で頑張らなきゃと肩を張っていた私には、まだ新鮮で戸惑う。

そんなことを思いながら、朝の田んぼを歩いた。不思議と妊娠してから、息づくものたちへ親近感が湧く。何かを農業を通してはぐくむこと、稲だけでなく生き物など田んぼではぐくまれるものたちを見守ること、どんな生き物にも共通する「はぐくむ」という同じ地点に私も立っているのだと、大きな何かに支えられているようでほっとする。農業は、こどもを育てるようで愛《いと》おしく、楽しいんだと言っていた、集落の人たちの言葉がやっと少しだけ、分かってきたように思う。

「家族として当たり前のことを、当たり前にやっているだけです」と、来ていた人に言った夫。移住したばかりで不安ばかりだった昔の私に、聞かせてあげたいと思った。今日も朝の風が気持ちいい。

２０１５年６月６日 掲載

足の裏で思考し、営もう

規則正しく空を縫ってゆく、かっこうのミシン目のような声。その隙間から下りてくるやわらかい風が、甘い香りを鼻もとへ運ぶ。

「このいい匂いはなんですか」。田植えが終わり、畦《あぜ》をのぼる橋場さんの丸い背中に聞く。「これは朴葉《ほおば》の匂いだ」。顔を上げると、パタパタと空に飛びたくて羽をはためかす鳥のような大きな葉と真っ白な花、それを両手に抱えた大きな木々が目に入った。

私の曖昧な質問に即答した橋場さんには、この自然が差し出すもの全てに名前があり、人格があり、なんだか大勢のものたちに囲まれて生きているような気がした。山にいると、なぜかほっとするのは、このせいかもしれない。

頑張ったつもりはなかったのだが、頑張りすぎたらしく、しばらく農作業はお休みになった。軽トラで走るデコボコ農道の振動が想像以上におなかに響き、半分だけ水を入れた2リットルペットボトルが、おなかの中でたっぷんたっぷん揺れて、ぶつかる感じ。その痛みを訴えると、先生に叱られた。何度もごめんねをおなかに言う。エコーでは親指ほど小さかった君は、いつからか頭、お尻など部分的にしか画面では見られないくらい大きくなった。

畑にて。妊娠８カ月

草刈りしたい衝動を抑え、軽トラから、箱バンに乗り換え、田んぼの「水見《みずみ》」に行く。集落の人たちが大きな山の懐のあちこちで、草刈りをしているのが点となって見える。すれ違うとき、顔を上げ「おう水見かぁ」と深い皺《しわ》を刻んで笑ってこたえてくれる。世の中が変わっても、ただ、目の前のことを淡々と続け、営むこと。これが基本だと、私の前に分校に住んでいた籾山さんが教えてくれた。それは変化にもぶれない、確かなもののように思えた。

そしてこの小さな農家の存在が、つないできたものがある。そう思うと、私の田んぼとの人生はまだまだ長い。

「足の裏で思考せよ」。机の上で考えず、土を踏みしめ考えよ、とのこと。畦を歩く自分の影の横幅が膨らんだ。ここでの営みは、多くのことを教えてくれる。それもまた、山にいてほっとする理由なのかもしれないと思った。

２０１５年６月20日 掲載

「入山の空気、袋に詰めて持って帰りたい」

池谷の奥に、廃村となった入山《いりやま》集落がある。入山出身で、通い農の背戸さんとは、移住当初から入山での農作業は、ほぼ一緒だった。初めての元肥まき、トラクター、田植え…。背戸さんはいつも畦《あぜ》からカメラを構えていた。お昼にはお母さんが持って来る爆弾おにぎりを、皆でかぶりついた。初めての年末年始も共に過ごした、大好きな夫婦。

3年前の今頃だった。初めての枝豆出荷が始まり、早朝から一緒にもいで毎朝、外で朝ごはんを食べた。その後すぐ、背戸さんは入院した。

お見舞いに行くたびに、何かに吸い取られるように痩せてゆく背戸さん。「毎日仏壇の前で、父ちゃん良くなるようにってお願いしてて…」と肩を震わすお母さんに、大丈夫だから、としか言えなかった。

帰りしな「おまえ、車はどこ置いたんだ」と聞かれた。「病院前です」。そのときは何げない感じだったが、駐車場を歩いていると声がした。背戸さんが高い窓から手を振っていた。無機質な病院の窓。神様、背戸さんを入山の山に帰してください…。運転しながら祈るように泣いた。

年が明けて、「薬がつらくて、人と会うのも今はしんどいから、退院したと

爆弾おにぎり

きに会おう」と言われた。また帰ってくるのを、ずっとずっと待っていた。
けれど次会えたのは、棺《ひつぎ》の中の背戸さんだった。別人のように痩せ、つらく痛かった癌《がん》治療がうかがえた。「背戸さん、がんばったね」。そんな言葉がついと出た。

去年と同じ1年が、また来るわけではないことは分かっている。今まで1人だった私は、大切な人を失うばかりで、この心もとない世界に取り残されるようで怖かった。けれど今、2週間後には、私のおなかから、これから長い人生を歩む新たな命が始まる。私たちがつくる今が、おなかの子にとっての未来になってゆく。背戸さんが今まで与えてくれたものを、繋《つな》げよう。ぽっかり心にあいた悲しみのポケットに、めいっぱいのありがとうを詰め込む。「入山の空気はいいなぁ。袋に詰めて持って帰りたい」。いつもそう呟《つぶや》いていた背戸さんが愛した入山で、おかえりなさいと、次はこどもと会いに行くからね。

２０１５年8月15日 掲載

誰しも愛されて、この世界で生きている

初めて君を見つけた喜びの冬から、あっという間に10カ月が過ぎ去った。眩《まぶ》しかった山の春、農道の揺れに耐えながらおなかを抱えて田んぼに通った初夏、臨月を迎え仕事を急いで片付ける夏。君と身体をひとつにするようになってから、大好きだったコーヒーもぱたりと飲むのをやめ、いつも以上に栄養に気を使うようになり、おなかの中でちゃんと生きているか君の胎動の数に敏感になった。毎晩のように足がつり、動きすぎたせいか結局臨月までおなかの張り止めの薬を飲み続けた。

やりたいこと、仕事、行きたい場所、諦めたものもあった。男社会・力仕事の農業。「やります。がんばります」で乗り切っていたが、「できない」ことに直面し、そのせいで迷惑をかけたことも多く、頼ることの罪悪感も抱いた。小さな命と一緒に、変わらない生活をすることは難しかった。けれど、分かってもらうことはそれ以上に難しかった。ずっとずっと、心と身体と状況の変化の中で、「ありかた」を探し続けている。それが女性のように思えた。

そう奮闘している間、君は私に似て頑固で不器用なせいか、おなかの中で前転ができず、ずっと逆子の状態が続いた。予定日３週間前になっても治らず、

夫と、田んぼの前で君を待つ

帝王切開の予定日が近づいてきた。

春まで、エコーで元気な君に会えるのがあんなに楽しみだったのに、いつしか憂鬱《ゆううつ》となった。逆子体操、鍼灸《しんきゅう》、そして冷えないように真夏の使い切りカイロ。なにをしてもだめだった。ときどき、膀胱《ぼうこう》のあたりを蹴るのが分かると、まだ回れていないのかと、少し憎くなる。そんな自分に気付いて、母親失格だと、今度は自分のことが一番憎くなる。無事に君に会えればそれでいいのに、母になる不安と、君に会える楽しみがないまぜになる。

今日まで、たくさん泣いて、たくさん笑った。

小さな命をこの世界に迎えること、それだけのことがこんなにも難しく、そして愛《いと》おしい。だから、誰しも愛されてこの世界で生きていることに気付いた。

会う前から、私は君のことが大好きだ。

2015年9月5日 掲載

一生を最後まで見届けられないからこそ

私にとって、それは奇跡だった。帝王切開1週間前にして、逆子が治った。よくがんばった！　そのときばかりはムツゴロウさん並みに、君をわしゃわしゃしたかった。

そして、予定日を1週間過ぎた夜、パンっという音を立てて生温かいものが濁流のごとく溢《あふ》れ破水した。「やっと会える！」。嬉《うれ》しくて口元がにやける。陣痛の度に、ズーン、ズーンとゆっくり君が勇気を出して降りてきているのが分かった。その動きに意思があるようだった。狭い道を通り、知らない世界に行くのは怖いだろう。君が前へ進む背中を押すように息を吐いた。助産師さんのがんばれの声。響く心音。出てこい！　大きな君の第一声がすぐさま聞こえた。もうぐったりで、病室に戻ってやっと涙が出てきた。一緒にたくさんの思い出を作りながら過ごしたこの10カ月間。やっと会えた君を挟み、まだ赤い顔を眺め、その夜夫と手をつないで泣いた。

名前は「あさ」にした。十日町に移住してから、朝の素晴らしさに初めて気付いた。毎日まっさらな朝がせかいじゅうの人たちを等しく照らすこと、夜が明け、あの清々《すがすが》しい山の空気に包まれ仕事に向かう農家の轍《わだち》、新しい一日が始

わが子とともに

まる期待…。そのなんとも言えない心地よさがにじむ子になってほしいと、初夏、夫と決めた。

学生の頃に池谷に出会い、農業に出会い、移住してからも地域の人たちの生き方に出会い、素敵《すてき》な「かぞく」の姿たちに出会い、夫と出会い、そしていま、新たな命とも出会うことができた。ありがとうで心が溢れる。

そして初めて、死が怖くなった。この子がばばになるまで死にたくない。何かの間違いでこの子を死なせてはならない。いま始まったあさちゃんの物語を、私は最後まで見届けられない。けれど、娘も同じように素敵な出会いと、世界一大切にしたいと思える男性と、そしてまた新たな命に出会いながら、しあわせいっぱいのおばあちゃんになってほしい。窓の外、水彩絵の具をのばしたような青空が広がり、君を挟んで夫と川の字になって過ごした午後、その寝顔を見て強く思い、また涙が溢れた。

2015年10月3日 掲載

ひとも地域もエッセンスを次に手渡す生きもの

寝た顔はかなちゃんかも。いや、目をひらけば幸治君に似ている。次々に赤ちゃんの顔をそうっとのぞきこみ、くしゃみをする、あくびをする、爆音でぶうーっとうんちをする、その一挙一動に赤ちゃんを囲む人の輪がわあっとほころぶ。

産後1週間ごろ、祖父母と父母、弟全員そろって賑《にぎ》やかな一団が香川からやってきた。伸びたゴムのように、ふにゃんふにゃんな赤ちゃんを前に、怖い怖いと言いながら父は結局抱かなかったが、遠目で眺めながら誰よりもよく喋《しゃべ》り、誰よりもお酒が進んでいた。「可奈子がお母さんなんて」「はぁもうどうやって抱くか忘れた」とあわあわ言いながら母はそうっと初孫を抱いた。

そんな母を前に、おむつを替え、授乳するのは少しむずがゆく、恥ずかしかった。育児のあれこれを話しながら、いつの間にか母と子というより、女友達のような不思議な感覚になった。

代わる代わるみんなの腕の中を巡回する赤ちゃんは、どの人の頬をもほろほろとほぐしてゆく。

「赤ちゃんは１００人に似るって言うから」。そんな義母の言葉に「そうか」と、

四つの世代と二つの家族

何百回見ても見飽きない小さなわが子に目を落とす。とろける餅のような頬はおいしそう。私たちの前の前のずっと前から繋《つな》がってきた命のバトン、そのひとりひとりのエッセンスが身体を形作り、この赤ちゃんの中に少しずつ生きているからこそ、１００人に似るのだろうか。そのことはたくさんのご先祖様が自分の身体の一部となって、見守ってくれているようでもあった。

実家に仏壇がない私は、祖父母より先が分からない。しかし顔も分からないずっと何代も前の夫婦から確かに繋がってきた。それは集落も同じように思え、だからこそ地域も生き物のようだ。集落を繋げるということは、世代を繰り返すだけでなく、大切なエッセンスを次へ手渡してゆく。

秋晴れの下、佐藤家・坂下家そろって集合写真を撮った。賑やかな一団は夫と義父の運転する車に乗って、帰路へついた。去りゆく車の中からも、母は携帯でいつまでも赤ちゃんを撮っていた。

２０１５年10月17日 掲載

「育児」ではなく「共に時を刻む営み」

産後、約1カ月ぶりの外出。小さな赤ちゃんに真っ赤な祝い着を着せて、池谷集落の神社へお宮参りに来た。

とろみのある秋の青空。道の両はじを縁取る落ち葉を軽やかにまきあげて、まぶしく燃え盛ろうとする秋に吸い込まれるように山道をのぼってゆく。稲刈りが終わり、忙しさがふっとゆるんだようなやさしい空気感が集落を包む。生きることが心地いい。そう思わせてくれるような、営みが内包される場所。神社を前に、冬へ向かうやわらかな木漏れ日が娘の上をゆっくり泳ぐ。「無事に生まれました」と手を合わす。

ふんわりとした風がゆき「あっ、あさちゃん笑った」。夫の声で娘に目をやる。結婚式のときは、大荒れの風が私たちを迎えてくれた。今日もまた、あのときの風に出会えたような気がした。

集落の人たちのところへもごあいさつに行った。橋場さんには妊娠中、娘さんも含めて、私ができない分を補う夫の「はじめての農業」を大変サポートしていただいた。「やあやあ」と出迎えてくれ、橋場さんが娘を抱く姿を見て、なんだか不思議な気持ちだった。追いかけていた背中、追いかけていた家族の

橋場さんの腕の中で

姿。気付けば私は母になった。しばらく現場から離れていたため、娘を包む赤銅色の橋場さんの太い指が懐かしく感じた。

妊娠したてのころ、義祖父がお祝いをくれた。その封筒には「みんなで赤ちゃんを育てませう」と書かれてあった。いま、その意味がよく分かる。たくさんの人たちが支えてくれ、負担を分け合うからこそ、本当にありがたいことに、育児がつらいよりもとても楽しい。いや、「育児」というよりも、赤ちゃんと一緒に生活をし、一緒に学び、時間を刻んでいるだけだ。もちろん赤ちゃん中心の生活は大変だが、農業と一緒で小さな喜びや発見が全てを乗り越えてゆく。

たくさんの人の腕の中をゆけばゆくほど、安心感が増えていった。小さないのちが生きようとすることを、少しでも多くの手で守れば、しあわせな母は増えるような気がする。人は人の中で育ち、人を支えるのは、やっぱり人だと感じた。

2015年11月7日 掲載

心うごく、色を生む

久しぶりに先日、田んぼに行った。雨が多くなり、農道はしっとりやわらかくなり、心なしか車のタイヤも布団の上を走っているような感覚だった。山はからからになり、静まりかえっていた。みんな、しんと雪を待っている。

水の残った田んぼには、秋の終わりの青空が映し出されていた。最近、「瓶覗《かめのぞき》」という色があることを知った。かめに張られた水に映った空の色を指して、この名前がつけられたと言われている。なんて昔の人の感性は素敵《すてき》なんだろうとため息をついた。山にいて、農作業をしていると、言葉に言い表せない素敵な色に出会うことが多い。そのひとつひとつに名前をつけて、この感動を誰かに伝えたいと思う気持ちがよく分かる。

山をぐるっとまわったあと、用があり橋場さんの家に寄った。漬け菜を収穫していた手を止め「まぁ、中に入ってお茶でものんでかねぇかい」という言葉にひっぱられるまま、玄関に向かった。中に入ると、薄暗い部屋の隅にある薪《まき》ストーブの上で、ひときわ輝く黄金の姿があった！　それは「べにはるか」の干し芋だった。電灯のように眩《まぶ》しい。

「この年になって新しいこと始めてもなんだけど、でもチャレンジし続けな

暗闇に輝く黄金の干し芋

きゃなんだ」と言いながら、薪をくべる。干し芋の表面はてらてらとし、まるで蜂蜜をそのまま固めたような佇《たたず》まいだった。噛《か》めば餅のようにやわらかく、蜜の甘い幸福感が口の中に広がることが容易に想像できた。土はとんでもないものを生むもんだ！

薪ストーブ独特のやわらかいあたたかさに手をあて、こうやって暖をとりながら、1年の作を振り返っていたのを思い出す。1年の農作業の労をねぎらう農神祭でも、相変わらず若者のように農業を語るむらの人たち、跳ね回るこどもたちに、産後久しぶりに場に出た私は大変元気をもらった。また戻って来られる場所がある。「田んぼは消えない。いつでもおまえさんを待ってるよ」と、ある方が言った。あの色をまた見たい。土の感動をまた来年も。春に思いを馳《は》せ、全てが白に染まる冬がやってくる。

2015年12月5日 掲載

本当の「しあわせの形」に向き合うことが、第一歩

12月12日に東京にて全国移住女子サミットを開催した。生き方の選択肢のひとつとして「地方でオリジナルな暮らしをつくること」を提案する会として実施。移住し、全国各地で活躍する女性をゲストにお呼びし、これからの暮らしを考える女性たちの背中を押す会となった。

会の前半は私たち新潟で活動する移住女子と、各地から招いたゲストの方々とのトークセッション。後半ではグループに分かれて地方での仕事、働き方、結婚、子育て、本音トークなど盛りだくさんでグループトークをした。定員60人のところ、80人以上にご参加いただき、大盛況！

少し前に、地方から女性がいなくなる、地方は消滅するという数字上だけで計算した暗い情報が広まった。しかし、その情報を聞いたときに違和感を覚えた。

現場ではいま、自分の人生を積極的に組み立て、地方に歩みを向けつつある女性が増えている。むしろ、地方はどんな人に来てほしい、どんな人に来てほしくないと選ぶ側ではなく、「選ばれる」側となりつつあり、女性たちは自分の生き方や求める「しあわせの形」にフィットしたまちを探している。今回の

大盛況だった全国移住女子サミット

会でも、それが伝わった。

そういう女性たちは、自分にとって何が一番大切で、何が幸せなのかをきちんと自覚している。儲《もう》かるか儲からないかでも、便利かどうかでもない、本当に大切なものを選ぶ女性のうねりが、まちを変え、地方を変え、世の中を変えるんじゃないかという熱量さえ感じた。

不思議なことに、その熱量の中核にあるのは、「こどもと幸せに過ごし、時代にぶれない確かな生き方を」という家族をつなぎ守りたい、ごく普通の思いだった。「自分の未来と、地域の未来を重ねて語る」女性たち特有のものであり、わが子のために火にも飛び込む度胸と似て（？）、変化を恐れない。だから移住にも農業にも漁業にも狩猟にも起業にも果敢にチャレンジする。

本当の幸せに向き合い、人生に良い意味で前のめりな女性たち。一緒になって「しあわせの形」を見直すのが、地方創生の第一歩のように感じた。

2015年12月19日 掲載

第3章

めぶく

母となり、
農業から見える景色が変わってゆく
2016年

農家は食を生産するのではない。時間を生む

世界一美しい冬がやってきた。季節が燃え盛った跡も、山のおうとつも、家の角張りも、もったりとした雪のクリームで覆われてしまう。年末からじれったい雪が続いていたが、やっと冬らしくなってきた。

ちょうど5年前の2月、私はこの地に移住した。津倉さんがくれた赤い長靴を履き、「これから、よろしくお願いします」と集落の家々をまわった。

「自分をもっていれば、どこに行っても大丈夫だすけ。農業もゆっくり、無理せずやればいいから」と橋場さんが迎えてくれたのを今でも覚えている。「自分をもって」ぶれずに生きること。世の中はどうなっても、野菜はつるを伸ばし、実は熟し、稲は自分で腰を立て伸びてゆく。そんな姿を人もなぞることを教えてくれた。

けれど、太陽の出る日が少ない冬。移住当初、毎朝かんじきを履き、山がさをかぶって、股まで埋まる雪の中をひたすらスノーダンプとスコップを不器用に振り回しながら除雪する日々で、分校で一人住んでいた私は気持ちも沈む毎日だった。

そんな中、地域の人たちは「お茶のんでかねかい」とよく声をかけてくれた。

お茶のみの定番は、しょっぱいものと甘いもの

長靴の雪を落としながら家に入ると、冷えた足の裏がじんわりぬくもり、湯気立つお茶と、漬物とお菓子があった。湯のみで手を温めながら1年を振り返り、春に思いを馳《は》せて過ごした時間は、雪国の人たちの豊かな冬の過ごし方のようでもあった。私は「お茶のみの文化」にすごく救われた。

そんな大切な文化が続いてほしいと、私が生産するさつまいもや集落の方々から買い取った芋を、籾山さんが勤める日本農業実践学園で加工していただき、2013年から自分たちで「干し芋」を販売している。「雪の日は、干し芋もって、だれかのおうちへ」とちらしにつづった。「お土産』という言葉は、『土から産まれる』と書きますね」と私の前に分校に住んでいた、大切な先輩が教えてくれた。土から産まれたものがお土産と名付けられ、あたたかい気持ちを乗せて、人から人へ渡ってゆく。土に近いところで生きてきた人たちのだれかを思う優しい気持ちが、言葉に映る。農家は食を生産するというより、そんなしあわせな時間を土が産むための助産師のような仕事に思えた。

2016年2月6日 掲載

生きることは、迷惑をかけること。それでいい

今日で移住して6年目がスタートした。移住したときから書いていた日記がある。東京から湯沢のトンネルを抜けたときの、雪山とときめき。六日町のバス停まで大勢の方が迎えにきてくださり、池谷分校の坂道を歩いたところから始まる。

春になると、外で乾かしていた大豆がぱちんと音を鳴らしてはじけ、わっと驚いた。桜は、土汚れの雪の上に舞っていた。

移住し、初めての農業。トラックを何度も脱輪させてトラクターで引っ張ってもらった。田植えで1列植え忘れ、畦《あぜ》から「おーい」と声が追いかけてきた。出荷用のナスを全滅させて泣いた。機械、作業場など借り物なのに、壊したり、野菜を腐らせたりして謝り、うまくできない自分が大嫌いになった。失敗したら見放されてしまうんじゃないかと、心がざわざわし怖かった。地域の方たちができる「あたりまえ」ができず、たくさんの迷惑をかけた。やらなきゃいけないこと、生計を立てることに追われ、どんどん成長してゆく作物たちに置いていかれるページが続く。

その一方で、苗出しのときの「いやぁ、今日は晴れてよかったなぁ。よおし。

初めての冬

始めるか」という小さな日々の会話、大きくなれと太い指がなぜる苗、「今日は移住して1年だね」と隠居さんからいただいた赤飯など、感動した全てがビデオのように残る。「毎日でも風呂に入りに来ていいんだぞ」など声をかけていただきながら、集落に育てていただき、農業を続けることができた記録だった。力になりたいと思っても空回りし、助けられてばかりだった。

もしかしたら、私のただただ「農業がしたい」という思いが、誰かの迷惑になっているのではないだろうか。気持ちが沈み、力が出なくなった。そんな気持ちに夫は「生きることは、迷惑をかけるということなんだよ。生まれて死ぬまで、迷惑かけずに生きるのはできないんだから」と言う。だから自分の番では、誰かを許し助けるのだ。

春のような日だまりが、木々の雪を解かし小さな雨を降らす。この景色は5年たっても変わらない。その前に立つ私は5年前と違っていたい。

2016年2月20日 掲載

世の中を変えようとしている大人の背中を見せよう

雪原のなかに、小さなビニールハウスが立っていた。案内されるがまま中に入ると、小さなスコップと銀のバケツがずらりと整列し、中央には大きなロケットストーブが煙突を伸ばしていた。丸太の椅子たちは身を寄せ合い、松ぼっくり、杉の葉、いろんな形の木の枝など山から見つけられた宝物が、こどもたちの温度をそのままに残していた。

三条市に「森のようちえん」がある。実は3年前、移住女子としての活動に、インターネットのクラウドファンディングを利用して資金を集めたことがある。そのころ、時期を同じくしてプロジェクトとして立ち上がっていたのが、この「ｓａｎｊｏ森のようちえん」設立プロジェクトだった。

晴れの日も、雨の日も、雪の日も、山をフィールドに活動する幼稚園スタイル。ずっとその存在が気になっていたのだが、娘ができてから、この地域の資源を生かすことができる、山の保育を考えるようになった。

集落の人たちから、「昔はむらが保育園だった」と聞いたのを思い出した。私自身、地域の人たちから農業を通して生き方を学び、自然や作物が与えてくれる五感から学び取るということを教わった。こどもも同じ。山の恵みはすべ

案内してくれた原淳一園長（右）と高林麗果さん

て遊び道具であり、木々も虫も風も動物も遊び仲間であり、知らず知らず心をはぐくんでくれるのだろう。

三条市にて園長の原淳一さんの講演を聞く機会があり、友人と行った。その後、フィールドも案内してくれた。ロケットストーブで手をあたためながら、原園長は言う。「日本は幸福度が低いと言うけれど、幸福度が高い国っていうのは、何がしあわせかを分かっているんだろうね。この日本も、世の中は変わらなくても、変えようとしている大人の背中を見せることは大事だと思うんだ」。こどもたちの小さな足で踏み固められたハウスの土から、香りがのぼる。

「昔は山にもこどもがいっぱいいてなぁ。そこらじゅう跳んで遊ぶから、草が生える暇なんてなくて、山が綺麗《きれい》だったよ」。以前、人山集落の山本さんが話してくれた言葉と重なる。山にまた、こどもたちが戻ってきてほしい。

2016年3月5日 掲載

ちいさなもののなかに、宇宙をみよう

今月で十日町でのインターンを終え、水沼真由美さんは東京の大学に戻る。別れの日が近づいてきた。

彼女は大学で私たち移住女子が発刊するフリーペーパー「ChuClu《ちゅくる》」を読んで、思い切って大学を休学し、十日町にインターンに来てくれた。川西地区のあたたかいお母さんたちに見守られ、育てていただきながら、素敵《すてき》な1年が過ごせたようでとても嬉《うれ》しかった。「移住女子の先輩に憧れて…」と聞いて、私にとっても姿勢を正される1年だった。

地方創生という言葉も相まって、私が移住した5年前よりもIターン・Uターンも随分増えた。むしろ地域同士が若者を取り合い、魅力合戦が始まったようにも感じる。一方、変われない地域との差は広がるばかり。そんなとき、私の前に分校に住んでいた籾山さんの言葉を思い出す。

「ちいさなもののなかに、宇宙をみるんですよ」。私なりにずっとその意味を考えてきた。何もないと言われる小さな集落だけど、小さな中に豊かさがあり、けれど目に見えないから数字と物で判断される世界では、理解されにくい。

初めての春、おたまじゃくしが、でたらめに描かれた世界地図のように水田

新人移住女子として過ごした水沼真由美さん
（左から３人目）

に広がり、小さな宇宙が山奥の田んぼに息をひそめていたことに胸が高鳴った。私以外の存在がたくさんいて、なにが、どれが、誰が正しいわけでも、間違っているわけでもなく、多様なものたちが、今同じ世界を平等に共存していると思うと、少しほっとした。

どの場所、どの生き方が正解でもなく、皆で少ししかない「しあわせ」を取り合っているのでもない。皆が果てしないしあわせの地平の上に立ち、しあわせに各々《おのおの》の意味付けをして生きている。だからどう歩いてもいいんだと自分を許すことが、都市地方関係なく、生きやすくしてくれるのかもしれない。

大学がない十日町から、この春市外へ出る高校生も多いだろう。物や情報が多いと、本当に大切な星が見えにくくなる。小さな宇宙に自分なりの光を照らし、大切にしたい星をこのまちに見つけ、またこの場所で会えるのを楽しみにしている。

２０１６年３月19日　掲載

自分のいない未来を生きる人のため、ひらいてゆく

いつもより早い春に心が急《せ》いてしまう。よっぽど早くに山菜が採れるものだと思っていたら、現実は違っていた。

「ブナとか山菜ってのは、人間よりよっぽど賢いのか、いくら雪が早く解けたって慌てない。自分が芽吹いていい時期を分かってる」と津倉さん。確かに、あたたかい陽気ですっかり集落は乾いてきたが、山はまだ土色で、山肌にはすり傷のように雪が残っていた。針に糸を通すようにウグイスがふと鳴き、ばたばたと聞こえない足音が山から聞こえるようだった。

今年の作付け量の相談で通い農をしているかくらさんのところへ行った。もう80過ぎの方だが、私がとりまとめている干し芋の売り上げは順調で、毎年倍量ずつ増えていることを聞いて、新たに畑を開墾しようと悩んでいるとのことだった。

「おまいさんが作ってる畑の下のほうに、放棄地になった畑がある。あそこはいい畑だったはずなんだ。芋が増えるならそこを借りて開墾したいと思ってるんだ」。その意気込みに、つい「おぉ」と驚きが漏れてしまった。

「でもばあさんが反対するんだよな。もうあんたは年なんだからって」と、

お話をしてくれた、かくら（近藤哲也）さん

太くて丸い指を見て、ははと笑う。「でもな、おらは重機があるから自分でも簡単に開墾できる。若い人はお金もないし、そんな重機も持ってないし、開墾が簡単にできない。いま開墾しなければ、多分そこはもうずっと放棄されたままだと思うんだ。1年後、おらがいるかどうかは分かんないし、おらが1年しかそこで耕作できないかもしれないけど、荒れ地がよみがえって畑ができれば、そのあとも芋を届けるために誰かが使えるだろう？」

そう窓辺で何げなしに話していたけれど、「1年後、おらがいるか分からないけど」という言葉に乗せて語られた思いがずっと胸に刺さったままだった。自分のいない未来を生きる人のために、自分が受け取ってきたものや、持っているもの、できることをひらき、よりよく繋《つな》げることが、地域づくりなのかもしれない。だからこそ、目に見えるもの、見えないもの、手渡されるものにちゃんと気付きたい。6回目の春。6回目の農業が始まる。

2016年4月16日 掲載

村外の主役を増やそう

天から降りる春の雨と、柔らかな陽気。それに呼応するように、大地から霧は立ちのぼり、芽は伸び、青さを増してゆく。そう、繰り返される天と地の二つの呼吸の中で私たちは営んでいるのだと春を前にして思う。

軽トラから降りたときに、ふわっと迎えてくれた風はやさしく、産後またこの場所に戻れたことに嬉《うれ》しくて泣きそうになった。沢から吹く風がもういなくなった人たちに重なる。昨年たくさん助けられた分、倍以上がんばりたいと鍬《くわ》を握る。

先日、池谷集落で山菜まつりがあった。久しぶりの大所帯となり、小さな集会所はぎゅうぎゅう。中越地震当初からボランティアとして通っていた方から、初めていらした方まで多種多様で、そのすきまを縫って、こどもたちが走り回った。

地震から集落が立ち上がり、12年が経とうとしている。ボランティアで当初から来てくださった方も、集落の方も同じように12年、年を取った。けれど、挨拶《あいさつ》の中で津倉さんが「もう80になるが、皆さんのおかげで、まだまだこんなに面白いものはないと思う日々」と力強く話した。

めぶく、ぜんまい

一人一人自己紹介するたびに出てくるのは、震災当時の思い出話。「集落と一緒に苦楽をともにした」と笑って話す方や、私が移住した最初の冬に、分校下の坂道の除雪にまごまごしていたのを見かね、到着早々「こうやるんだ」と教えてくれた方も久しぶりにいらして、お会いした瞬間に胸からこみ上げてくるものがあった。

過疎といわれる集落において、集落の人数を増やすことは大事だけれど、それと同じくらい、村外の主役を増やすことも大事だと思った。プレーヤーとして対等で、住民ではないけれども、むらの歴史を語り、物語を語ることができる人がいると、集落は生き続ける。ともに四季を味わい、農作業をし、助け合い、夢の大きな風呂敷を広げ続ける仲間が集落の外にもいると、集落は勇気を持って夢を描き続けられる。

そして、夢は景色を変え、誰かの人生をも変える。それが、地域をひらき、農業をひらく、ということであり、新しいむらのあり方なのだろう。

２０１６年５月７日 掲載

水があるところに命があり、物語がある

雪が消え、土砂が落ちたところや折れた木の片付けをしながら、水路を引く。ぐっと鍬《くわ》に力を入れ、どっぷんと堰《せき》を上げる。

山の血管に詰まったものがトンと流れてゆくと、心もざっぷんとバケツ水をかぶるように気持ちいい。「山の人たちが、水路をちゃんとしてくれているから、平場のうちらまでちゃんと水が来るんだよ」と、仲間が言った。優しい農家が多いのは、見えない誰かや言葉を持たない何かに、思いめぐらせる作業の連続が農業だからだろうか。

さて、新しくやることになった田んぼに水が来ない。山本さんと又司さんの案内のもと、ひたすら山道をゆく。杉の葉が重なる木漏れ日を踏むように、歩くそこは確かに道だった。

水源を辿《たど》りながら水路を手入れするなかで、たくさんの発見と知恵、そして「冬にそりでここに堆肥を運びに」と、2人の口から暮らしの記憶がたくさん出てくる。

廃村となったところだけど、丁寧に重ねられた、農地と向き合った証しが繋《つな》げられ、そして裸のままの恵みの水が岩肌を滑りながら、こんこんとそここ

から溢《あふ》れていた。それを丁寧に、田んぼへ導いてゆくのだと心に刻む。水があるところには命がある。道中で出逢《であ》うさまざまな芽吹きの名前もひとつひとつ教えてくれ、芽吹く全ての命に名前があることに今更ながら驚く。私が娘に「あさ」と名付けたときのような、そこに芽吹くどんな君にも名前を付けて、呼びかけたい、そんな愛《いと》おしい気持ちと重なる。

山から出ると、もう薄暗かった。同行してくれた夫が「あさちゃんも一緒で、冒険みたいで、楽しかったね」と言った。

5年以上ここで耕作していても、まだまだ知らない場所や奥行きがあるこの小さな集落という宇宙に圧倒される。今年も変わらず山からなえられる水を繋げ、それが生む作物を繋げ、もういなくなった誰かが手渡してくれたものを、よりよく繋げ、そんな自分のひと鍬が、明日となり未来になる。娘が歩む、自分のいない未来が幸せであるために、今日を耕す。山奥の水源は、たくさんのことを教えてくれた。

2016年5月21日 掲載

「農業」や「労働」に新しい意味を乗せる

山の折り目から溢《あふ》れる霧がしりぞき、農道に光が通る。一枚一枚田んぼを回るごとに、朝のやわらかさが増してゆき、桃色の光がふくらんでゆく。かっこうの声が谷間に突き抜けるのを頭上に聞きながら、露瞬《つゆまたた》く畦《あぜ》を歩く。

田植えが終わった。東京から来た方々との、もち米の手植えから始まり、夫とともに大きなおにぎりを携えての田植えで終わった。東京から来た方々とは、泥んこになり、ごはんを食べながら、「いやぁ大変だった」とか「いやぁ楽しかった」と夜、網で焼かれるお肉をつついていると、そうそう、これが農業の醍醐味《だいごみ》だったと、逆に教えてもらった。

農業は孤独だ。機械化が進み、一人でもできるようになり、一人でやることが勧められている。「昔は山のそこらじゅうに人がいて声かけ合っていたけど、いまは出会うこともない」と寂しそうに話すのを聞いた。それが「働く」ということなのだろうか？

移住したころ、よく田植えをしながら昔の話を聞いた。「田植えのときは学校も休みになってな。親戚中集まって、こどもは競争しながら植えてた」「田植えが終わったあとの、まんがらい（馬鍬洗い）が良くて」

「まんがらいって何ですか」「田休みみたいなもんで、昔は牛とか馬で田植えをしてたろ。田植えが終わったあとに、馬鍬を洗って、田植えが無事に終わったお疲れさま会、豊作を祈る会のようなものかな。お赤飯作ったりね」と、津倉さんちでお赤飯をいただいたのを思い出した。

「家族農業」というのは、「家族でやる農業」という意味以上に、家族のような仲間たちも含まれ、一緒に汗をかいて、ごはんを食べて労《ねぎら》い、この風や夕日をともに感じ、どうしようと悩んだり、一喜一憂したりしながら、それぞれの「くらし」のなかに溶け込む農業を、血縁を超えて繋《つな》いでいくことなのだろう。農は、ばらばらな個々を唯一繋ぐ「とりくみごと」だ。それは絆を生む。

「後継者」「担い手」「中心経営体」と、危機感から農業に重たく孤独な肩書を乗せがちだが、「労働」という意味を超えた、このような農こそ繋がっていくように思う。

2016年6月4日 掲載

変化した自分に素直に、等身大に

右から左へ、右から左へ、草をないでいると、ぱたぱたと雨が肩を叩《たた》いてきた。草刈り機の轟《ごう》音の中で、思考は手から離れ心の奥にゆく。右から左へ、右から左へ、最近あったもやもやすること、嬉《うれ》しかったこと、悩みごと、全部をなぎ払うように刃を滑らせる。

草刈り機を止めてから、機械音がすっと消えると、雨が葉を打つ音がひときわ大きくなり、背中がひんやりしていることに気付く。雨で袖が重くなり、頬に髪がはりつく。分校に住んでいたころ、雨の日でも山の遠くから、誰かの草刈り機の音が聞こえていた。暑い日より、小雨くらいがちょうどよいのかもしれない。

雨を繰り返すうちに、もち米は穂を出した。むき出された稲穂の粒ひとつひとつがぎゅっと肩をよせ合っている様子が、エコーで見た、おなかの中で丸まっていた娘に似ていた。愛《いと》おしい。すると、早く帰って娘に触れたい、と心が沸騰した。

思えば、女性農業委員の会でも、農村地域生活アドバイザーの会でも先輩農家さんから、「若い女性と繋《つな》がりたい」という声があった。先日も研修会で話

バイバイ、ビックリ、ニコニコ。悩んでいても、娘はどんどん大人になる

す機会があった。農業と家庭と、やるべきことに折り合いをつけながら、乗り遅れまい、地域からこぼれ落ちまいと、なんとかしがみつき、言い訳しながら舞台裏でばたばたし、母をしているうちに世の中や地域で起きていることを、見逃してしまうような焦燥感がある。出かけるときは、迷惑にならないようにと考えた分だけ荷物が増えた。見るものに、愛おしい子どもを重ねながら、女性は葛藤し続けている。

まさにその身になって知恵を出しながらモンモンし、携帯で撮ったたくさんの娘の写真を、毎晩スクロールしながら見返していると、「あっという間にこんな時間」となった。髪がふわふわ伸びた娘の頭に頬を寄せると、幸せな眠気がやってくる。小さな農家が大農家と同じやり方をしようとすると苦しいように、暑いときは涼しい時間帯を選ぶように、変化する前と同等を無理に求めず、変化した自分に素直に、等身大でいることに自信を持ちたいと、夜の雨音にはたばた心を重ねた。

2016年8月6日 掲載

大切なものを当たり前に大切にするために

刺すような日差しも、呼吸を押し返してくるような湿気も、そして背中に浴びる蝉《せみ》の鳴き声も。緑の大海の大きな波打ちと一緒に、夏が私をのみ込んでくる。

背中のチャックを引いてべろんとまるごと、じっとりした身体を脱ぎ捨て、川でじゃぶじゃぶ洗いたい。ひと通り草刈りをしてから別の畑に行き、軽トラから降りると「おーい」と声が追いかけてきた。振り向くと、畑向こうの家の窓から、ひょこんと橋場さんが顔を出して呼び掛けてくれていた。「おい、スイカ食わねえかい」

いまにも長靴の底から地面に溶けてしまいそうで、正直このまま家に帰ろうか、もう少しがんばってみようか迷っていたので、とても嬉《うれ》しかった。

玄関に2人で並び、真っ赤なスイカをかじった。かじるたびにスイカから溢《あふ》れるしずくが、喉を潤す。

玄関の向こうはまぶしく、日はかんかんと地面を炙《あぶ》っていた。それとは正反対の薄暗い玄関で、ぽつりぽつりぽつりとおしゃべりをした。ぽつりぽつり、言葉を交わすうちに熱気をまとっていた肌も落ち着いてきた。風が通る。やさしい時

夏の朝、山で

間だった。

そんな中、「明日、蔵を壊すんだ。今日決まってな」「えっ、また急ですね」「もともと壊すつもりだったからいいんだ。中のものは全部捨てようと思ってるから、いるものあればなんでも持ってけ」。驚いた。一番初めに頭に浮かんだのは、手作りの結婚式で使わせていただいた器だった。昔、お祝い膳などで使っていたらしい。

午後、熱気のこもる土蔵の中で、玉の汗を流しながら大きな木箱に収められた器たちを外に運び出していった。夫と2人で「懐かしいね」と言い合いながら、器を包むまだ新しい新聞の折り目を手に取る。

夏の日。蔵の外に並ぶ木箱たち。大切なものを当たり前に大切にしたい。移住する前からずっとそう思っていた。ひとも物も時間も、思い出も。大切にし続けるために、ときに新たな役割をつけなければならないことも知った。その日、日差しも時間も器も、すべてが大切な一日となった。

２０１６年８月20日 掲載

地図の境界線ではなく、思いの集合体が集落となる

軽トラで山を下っていると、黄色くなった大きな葉っぱが、蝶《ちょう》のように舞っていた。山は粉をはたいたように、うっすら黄色じみてきた。

先日、私が学生で集落に通っていた頃に、集落には復興支援をしていた国際ＮＧＯ「ＪＥＮ」の濱《はま》坂都さんという女性がいらっしゃった。

海外で支援活動をしていたＪＥＮは、当時唯一国内事業として、池谷集落で中越地震の復興支援をし、そして地域おこし活動を継続していた。海外で難民支援・人道支援に携わりたいと思っていた当時の私は、濱坂さんを知っており、なぜＪＥＮが日本の小さな集落で活動をしているのか、とても不思議だった。

しかし、活動する中で、そこに住む人たちが幸せに暮らすこと、そこで仕事が生まれること、生きがいを持つことを考えることは、国が違うだけでやっていることは同じだった。

「今思えば、そんなことに気付かせてくれたのがＪＥＮだったんですよね」と、送迎する車の中で話した。「そうだよね、世界では国の問題はその国でというより、世界共通の問題は国境を越えて、イシュー単位で人が集まり繋《つな》がってきているからね」と、いつもの軽快な話しぶりで濱坂さんは助手席から応えてく

国や地域を越えて、地域の人の笑顔は何よりもエネルギー

れた。

イシュー単位。その言葉がトンと心をノックした。

今、人口減少や過疎化といった悲観的な話題が地方には舞い込み、人口が減る限りコミュニティーがコンパクトになるのも当然だが、だからこそ、もしかしたら今後、「集落」「地域」というものは、国境・県境・地域の境で区別されるものではなく、人の集まりが「集落」を形づくってゆく気がした。

人の心の帰る場所や、思いの集合体が、集落になる。だから、住んでいなくても、通っていてもその人は村人。「今は人口は減っているけど、不思議なことに人の移動は倍にも増えているんですよ」とある方が話した。人の移動や出逢《であ》いが集落の生きるエッセンスを運んだり、大切なものを残したりするのだろう。人の交流がある限り、「集落」は残ってゆく。そう思うと、あたたかい気持ちになった。大切なのは数よりもあり方なのかもしれない。

２０１６年10月15日 掲載

皆が無理だと思うような未来を、誰かが口にしたときから始まる

むっと、両頬を押していた湿気のかたまりがすっと引き、沢からひんやりとした風が吹くと、ぽつぽつと、さつまいもの葉を打つ雨音が聞こえてくる。追い立てられるように急に心臓が胸をたたき、午後3時を過ぎたころから谷底へ滑り落ちる太陽を惜しみながら、さつまいもを掘り、選別する。目を回しながら軽トラを走らせ、「む、娘の晩ご飯が…」とふらふら土くずを金魚のフンのように落としながら帰る。

晴れた日は何度か娘も芋畑に連れて行った。畑のもみがらの山は、娘にとっては畑のエベレストで、何度も上ってみたり埋もれてみたり。もくもくと何かをしている、まあるい背中を遠くから眺めつつ芋を掘った。

まだ芋掘り期のさなか、ある講演会を紹介され参加した。星野リゾート社長による、持続可能な組織の話だった。人材を確保するために大切なことを五つ挙げられたのだが、そのうちの一つが「ビジョン・価値観の共有」だった。

「経営者が一番最初にすべきことは、社員に夢を与えること。意外と身近で実現できそうな姿を描きがちですが、将来像はもっと先です」。会社に限らず、人材の確保は農村も同じ。どこへ行っても後継者不足の悩みや危機感が聞かれ

娘、初めて畑に降り立つ

る。人口自体が減っているため、農業に限らず、地域自体に人が求められている。

「夢を与えること」。そう聞いたとき、今までの集落の人たちの言葉がたくさん蘇《よみがえ》ってきた。「ここを若者の桃源郷にしたい」「集落を存続させたい」「気持ちがあれば女でも農業できる」「農業は最高の生き方だよ」「やり方次第で、じゅうぶんこの山地でも農業で食っていけるんだ」「日本中の過疎地を元気にしたい」……。

私が今ここにいるのは、地域の人たちの言葉を信じたからだった。地域や後継者を繋《つな》げていくのに、特効薬やテクニック、特産品はない。皆が無理だと思うような、誰かが口にした未来から始まるのだと改めて納得した。農家もひとりの経営者だ。

1歳になって今、歩きかけた娘の小さな一歩に、たくさん夢を与えたい。もみがらまみれになった娘を抱いて、思った。

２０１６年11月5日 掲載

生き方は、風土にならい、風土から引き出す

霧が集落にとっぷり横たわる日が増えた。冷たい雨と、秋晴れを繰り返し、張りつめていた空の糸が、とうとうこらえきれずにぷつりと切れる。みぞれ、いや初雪だった。せきを切ったかのように、しかしどこかほっとしたような降り方となる。柿にかぶさる雪。ふっ、と吐息をふきかけたように雪の上に広がる、銀杏《いちょう》の黄色い葉。冬が、秋をのみ込んでゆく。

雪国の農業はリズムがある。「農業は段取りだ」と何度も何度も教えられた。ひとつひとつのリズムという名の段取りと気候のカードを合わせながら踏んでゆき、雪の季節に向かって大地から育み受け取るを繰り返す。そして冬が来ると転調し、販売、手仕事、来年度の計画と、1年の総決算をしながら助走し、暮らしをひとつひとつ、また整えてゆく。そうして季節の楽譜がまためくられる。

だからこそ、季節によって仕事が違うことが当たり前で、世間で言う正社員、パート、派遣、兼業、季節労働…そういった概念や区別は薄い印象だ。季節と、それぞれの人生の変化に合わせて、柔軟に働き暮らすをよしとする、心地いい多様感が、若者を地方へ呼んでいる気さえする。

畑の中で、同じ景色を見る

移住してすぐの頃、橋場さんとさつまいもの苗を植えていたときのこと。
「坂下、世渡り上手ってやんはそ、口がうまいか、人をだますか、この二つがあればできるんだ。でも、農業は自然に対してそんなのできても意味がない。そんな気持ちで向き合っても、育たねやんそ」。しゃがんだまま、橋場さんを見上げる。「自然は正直だすけ。しっかり向き合えば、いいのができる。手を抜けばそれなり。それは人間に対しても同じだ」
農村では自分が向き合う、語らぬもののあり方から、生き方を引き出し、その風土や作物の姿にならうように、自分の働きや暮らしに還元しているのだと知った。娘と畑にいると、「おうい」と声が集まってくる。同じものを見て、さまざまなことを感じ、内包されながら「生きる」を学び、重ねていく。風土にならい、風土から引き出す。大切なことは、全て集落にあるのだと知った。

2016年11月19日 掲載

この場所で心地よくあるために、ほしいものは作る

小さな車内が一瞬、スポットライトを浴びたように明るくなる。ときに迷うように滑り込む光が、人間らしいものを思わせる。何回も蛇行する山道。空にぽっくり穴をあけたように明るい月が、杉林から見え隠れし、車内をとぎれとぎれに照らした。空の澄んだ藍が、晩秋らしかった。

先日、農協祭で「ママ&キッズ　ファームコレクション」という農作業着のファッションショーを行った。

4年前、十日町・津南の農業女子で「女性用の作業着がほしい！」「こどもが憧れるような職業には全てかっこいい制服がある」と始まった「NORAGI（のらぎ）」プロジェクト。当時開発したつなぎは完売し、独身だったメンバーもあれから結婚・出産を経て家族が増えた。すると次は、こどもと畑を楽しみたいと思うようになり、親子で着られるファームウエアの開発が始まった。

農業は孤独な職業かもしれない。農業機械ができたこと、反収が上がったこと、いろんな理由で「ひとり」でもできるようになった。むしろ、ひとりでできたほうが、人件費を考えると経営的にはいいのだろう。

しかし、山地を守るプレーヤーを増やす意味では、くらしに農を取り入れる

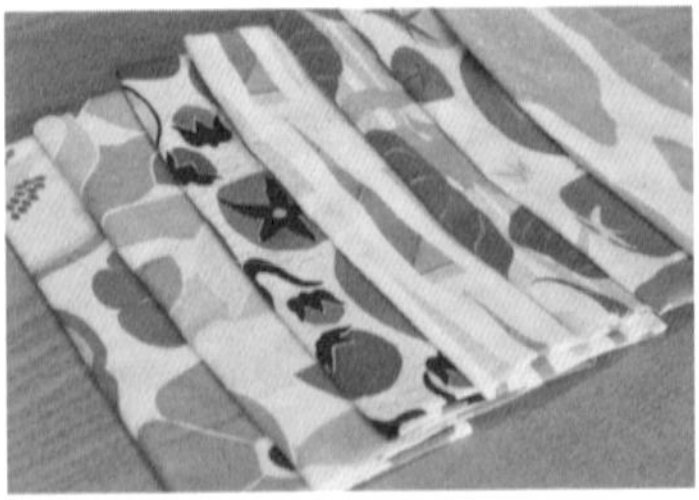
てぬぐい

小さな農家も増えてほしい。最近ママさんとの交流が増えてから、食や畑に関心を持つ女性が多いことに気付いた。「食（台所）」に一番近いところにいる女性だから、こどもができてから自分たちの食べるものに関心が高まるのはとてもよく分かる。新メンバーの子がこんな表現をしていた。

「好きな場所で、心地よく自分らしく暮らすために、自分にフィットするものは自分で作ればいいじゃないか」。ないことに嘆くのではなく、フィットするくらしや、ほしい未来を自分で作れる素材が地域にはたくさんあった。

今回、デザインは雪国のさまざまなモチーフを使い、染色は十日町市内の企業にお願いし、型紙、縫製も自分たちでした。その中で、十日町で生産している生地があるとも知った。ほしいものを生み出せる土壌と素材が地域にはある。

その土壌に種をまいて、しあわせは自分で作っていくのだと思った。

２０１６年12月３日 掲載

命を終えても、姿を変えながら、何度も巡り合う

晩秋の晴れた日、雨を含んだ田んぼから、もったりと蒸気が上がる。多くの実りをもたらした田んぼの神様が、静かに空へ帰るような光景だ。

同居していた義祖父が亡くなった。

「じいちゃん、俺が結婚するまで死ねないってずっと言ってて」と少し笑い、「結婚したい人がいるから家に連れて来るって言ったら、じいちゃん、泣いてさ」と鼻をすすった3年前の夫の横顔。

初めてのあいさつで「ありがとう、来てくれて本当にありがとう」と畳にぴたりと頭をつけたじいちゃん。結婚し、妊娠すると「みんなで赤ちゃんを育てませう」と書かれたお祝いを、まだ腹が膨らむ前からいただいた。私の「きぼうしゅうらく」をちょきりちょきりと切り取り、ファイルにとじる朝。「家族とは、なんでも皆で話し合い、助け合うもの」と教えてくれた2人きりの昼食の日。「赤ちゃんに会うまでは」と手術もし、やっと出逢《であ》った娘に「でっこくなれ、でっこくなれ」と毎日やさしく足をなでた。

今年から横になることが多くなったが、娘が「じい、ちゃん」と呼ぶと「はあい」と、にっと笑い一生懸命顔を起こした。「あさちゃんが、どんな女の子になっ

田んぼからゆっくりと立ち上る蒸気

てゆくのか、見てみたいなぁ」と、つうと静かに涙を流した日もあった。「あと5年生きれば、あさちゃんが小学生になる」と持ち直した日もあった。その日の夕方も、娘の呼びかけに声を出さずにこたえていた。

じいちゃんの5人のこどもたちとたくさんの孫、ひ孫、近所の皆様に助けていただいて、見送ることができた。じいちゃんの89年の長い人生の、最後のいっときに、私を家族に加えてくださり、共に過ごした2年で教えてくれた「家族」の姿に胸がいっぱいになった。

雨が大地に実りをもたらし、蒸気となって天にかえり、またいつか雨や雪、風と姿を変えながら何度も巡り合い、実りを助けるように、次は姿を変えて、また家族だった頃のように、どこかで助け合うような気がする。

もうじき新しい年がやってくる。私たちは、旅立った人たちが見たかった、生きたかった今日と未来を、生きている。

２０１６年12月17日 掲載

消火器

第4章

はなさき、みのる

がむしゃらの中から
農業の可能性に出会ってゆく
2017年

完璧でなくていい

私が移住した6年前の2月、集落には2頭の牛がいた。私の前任者が飼い始めた繁殖用の黒毛和牛の世話を、私がそのまま引き継ぐ形となった。毎朝、股まで積もった雪をラッセルしながら牛舎へ向かい、粉雪が吹き込むなか、餌のワラをざくざく切っては牛に蹴られる前にバババッとやり、もしゃもしゃと食べる様子を眺める頃、木々の間から朝日がこぼれ、この小さな牛舎を照らし始める。

晴れた日には、絵本『おおきなかぶ』のごとく岩のような牛を引っぱって牛舎の外に出し、ガードレールに繋《つな》いで糞《ふん》がついた肌を、これまた蹴られないようにビクビクしながら洗った。

牛は同じ場所で、同じ谷間の雪を眺め、同じように日に当たっていた。「牛は、なに考えているんでしょうかね」と前任者に聞いたことがあった。「牛は、なんもめんどくさいこと考えていないですよ。ただじっと、ひなたぼっこをしている。それでいいんです」

結局牛は、松代地区の高橋勝美さんという牛農家さんが引き取ってくれた。大きくて、白いシャツと白い長靴が似合い、太陽のように笑う方で、私が扱い

今年も家族で、命をはぐくむ

きれなかった牛の爆発的なエネルギーを包み込むだけのパワーと、命に対する深い愛情が血管全てに流れているような人だった。

だからこそ私にはこの大きな命を包み込む技術と力がないことに、涙が止まらなかった。東京にいた頃と同じで、私は自然や動物の命を皿の上で消費することしかできなかった。その頃から、いただいてきた命になにかを返したい思いが生まれた。

「また牛に会いにこらっしゃい」と、別れ際に高橋さんは言った。

あれから6年。私には娘もでき、田んぼの数や畑も増えた。とは言え、命をはぐくむだけの技術や力があるかと言えば、まだまだ足りない。そんな未熟者の私がたくさんの命と向き合えるのは、一緒に命に向き合い、支え合える地域の人たちや家族がいるからだった。完璧な人ばかりではない。だから子育ても、農業も皆不安なのだ。でも補い合うことはできる。

新しい1年がやって来た。今年はどんな命に出逢《であ》えるだろう。

２０１７年１月７日 掲載

こどもひとり育てるのに、村ひとつ必要

自分の背丈の倍以上の雪壁の間を歩いていると、ごぶごぶと、くぐもったような雪を踏む足音だけが聞こえる。ふと立ち止まる。夜空の下、雪とともに、しんとした空間だけが落ちてくる。山の懐にたっぷり蓄えられた水も、雪も、遠い海も、蛇行する川も、全部丸のみして旅をして、今は雪となって手のひらに落ちる。

独身の頃、むらの人たちが毎晩お風呂に、晩ご飯にと呼んでくれた。あたたかい気持ちをおみやげに、星屑瞬《ほしくずまたた》く雪原を渡るように帰る、雪降る分校までの帰り道が、いつまでも私の冬の宝物になっている。娘はこの雪とともに、どんな思い出やどんな気持ちと出逢《であ》い、人生を豊かにしてゆくだろう。

先日、「森のようちえん」をつくりたい、という女性たちで、実現への一歩を踏み出すための会をもった。森のようちえんとは、北欧で始まった自然保育のこと。今では日本各地、自然をフィールドにした幼稚園はかなり増えた。目の前や足元にある自然や文化や地域の人とともに、こどもの感性をはぐくみたい、と願う母親が数いることに驚いた。

地域の人たちからよく聞く、かつての地域での子育ての話はいつも「保育園

みんなでたくさんの思いやアイデアを出した

はなかったけど、むらが保育園だった」というもので、暮らしと保育が分断されておらず、とても等身大で、羨《うらや》ましいと思うことが多い。

かく言う私も、移住する前から「こどもと一緒に山で農作業をする」といった、はたらく・暮らす・はぐくむが自然体に同居する暮らしが憧れだった。

どこかのコピーではなく、この地域だからこそできる、等身大な子育てってどんな形だろうか。いろんな母親たちと話をする中で「こどもひとり育てるのに、村ひとつ必要」というアフリカのことわざに出逢った。

何か、誰かに頼ることへの罪悪感。いつも謝ってばかりの罪悪感。そんな心が少し軽くなるようだった。そして、塀の中だけでなく、地域全部が幼稚園、そんな環境がこどもも親も、そしてむらも文化もはぐくんでくれ、未来を生きる安心を生むのだろう。とっても素敵《すてき》だと、心はドキドキしたままだ。

２０１７年２月４日 掲載

もてなすことで、身の回りを豊かにする

ビニールハウスから漏れるやわらかい日差しが、ぺたぺたと並べられた飴《あめ》色の干し芋ににじんでゆく。しっとりした芋は固められた蜂蜜のようだった。「いも！　いも！」と言いながら、ハウスの中をテテテと走る娘の髪を、まだらな日の光がなでる。

干し芋の販売が1月から始まった。去年は出産直後で娘も小さかったため叶《かな》わなかったが、今年は茨城の日本農業実践学園へ干し芋加工の勉強に行くことができた。茨城は日本の9割の干し芋を生産している大産地。私の前に池谷分校の管理人をしていた籾山さんが、現在、学園の先生をしているご縁もあり、集落のさつまいもを学園で天日干しにしていただいている。

学園では実際に私たちの芋を洗い、ふかし、皮をむいて切り、並べるところまで体験した。芋の栽培や土づくり・加工・茨城との比較など意見交換もした。農業を通して、地域を越え、今も学び合いを続けられることが嬉《うれ》しかった。

ご自宅には2人のこどもの赤やピンクの鞄《かばん》や帽子と並んで、農業書がずらりと並んでいた。籾山さんは池谷分校にいた頃と変わらず、地域の片隅で土に向き合いながら、学生たちと自分たちが今できることをしながら、日本の農業を

日本農業実践学園で

考え続けている。

「それでも、今思うのは、池谷の人たちみたいに、集落に来る人や周りの人を『さぁさ、お茶飲んでけ』と、もてなすことで、身の回りを豊かにしていく姿なんですよね」と、籾山さんはつぶやいた。「そうやって、小さな集落にいながらも、足元のくらしや人生を豊かにしていくこと。自然の中で毎日、『仕事』というより『営み』をつくっていく姿。農業との多様な関わり方を認め合い、儲《もう》かる儲からないで農業を判断されて仕事として選ばれてゆくより、そうじゃないところで生き方として選ばれるようにもなってほしいですよね。農業はリスクや条件の変化があるから、単年の赤や黒で判断できない、長い目のいる分野ですから」

学園内ですれ違った学生さんは皆、とても晴れ晴れとした表情をしていた。籾山さんが育成する将来の農業者たちだった。

２０１７年２月18日 掲載

人も物も情報も少ないから、その人となりがよく見える

雪国にいながら雪遊びをしていない。冬は干し芋の作業やなんだかんだと忙しく、雪を楽しむ日がなかった。干し芋販売用で使う写真を撮りがてら、娘にスノーウエアを着させ、ひとまわり着膨れした娘と集落で遊んできた。

雑味のない空気を吸って、一緒に歩いて、なんとなく雪をかまっただけ。木々からころころ落ちる光のしずく、なめらかなお尻が重なるような雪原。そして、雪の上でおいしそうに飴《あめ》色の干し芋を噛《か》みちぎる娘。なんでもおいしそうに食べ、「うま！」と頬に手をやる娘を眺めていると、胸が高鳴り幸せな気持ちになる。つい「おいしいね」と顔を見合わせる。

私のほうは中学生の頃から池谷集落に出逢《であ》うまで、過激なダイエットばかりしていた。「痩せたらかわいいのに」と言われるからなおさら、痩せている自分が本当の自分だと思い込み、食べることやちょっとでも太ることが怖かった。ただただ痩せたかった。そしてストレスでリバウンドばかりして、また落ち込んだ。

しかし、ダイエットクッキーやキャベツばかり食べていた私にとって、集落で食べるものは全部おいしくて、心が満たされ力がみなぎるのが感覚で分かっ

坂之上（庭野茂子）さん

た。そんなとき、たくさん食べたあとに「あぁ東京に戻ったら、またダイエットしなきゃ」とつぶやいた。すると坂之上さんが「なんで痩せる必要があるの？おいしそうに食べているかなちゃんが一番かわいいのに」と、言ってくれたことは今でも忘れられない。

「ここは人も物も情報も少ないから、人となりがよく見える」と集落の方が言うとおり、比べず素直に人と作物に向き合う農村の空気感からか、徐々にありのままの自分に向き合えるようになっていった。なぜ、そう生きることができるのか、夢を語る村人の姿も相まって、農業がうむ生き方に向き合い始めたように思う。

「こうあるべき」を勝手につくって、苦しんでいた。それらを解放してくれる生き方が、農村にあった。今、おいしそうに食べる娘の姿に幸せを感じ、すっかり忘れていたが、食べることが好きになった自分に、ふと気付いた。

２０１７年３月４日 掲載

自分の人生を、自分で道をつけ、自分らしく歩んでいい

春だ。山が音を立てて目覚めようとする。春一番の農作業は、そここから溢《あふ》れる雪解けの音とともに、硬くなった冬の体がほぐれていき、心地いい。そんなまだ雪の残る初春に、「しみわたり」となり固くなった雪上をてんてんと渡って林に入り、次の冬の薪《まき》用に木を切る。トントントンと、小気味よく集落の橋場さんはナタを打ち付け、私もそれにならっていた。

と、橋場さんが腰を伸ばし「こりゃあ、宿り木って言うんだよ」と、指さした。見ると、肌荒れしたような太い枝の胴体から、何食わぬ顔で葉っぱが芽吹いていた。

「全く違う種がどっかからか飛んできて、この枝にくっついて、枝に栄養をもらっているんだ。みんな、どうにかこうにかして、一生懸命生きてるんだなぁ」と、言うそばで、やっぱりこの葉っぱは何食わぬ顔でぴんと伸びていた。

「へぇ、そういうのが、あるんですね」と、その肉厚な葉っぱを眺めた。

地元の香川から新潟に移住し、7回目の春がやってきて、農業も同じように7年目になった。が、今も「こういう生き方もあるのだ。どういうふうに生きてもいい」と教えてくれる、この日のような出来事はこの道を選んだ私の背中

を押してくれる。

里山で農業をし、また移住女子として都市の女性とも向き合うなかで、農村も都市も同じ不安を抱いていることに気づいた。それは自分が選んだ道への不安と、不確かな未来への不安。だから、大切なのは都市と地方を比べるというより、自分のものさしで、自分の思い描く北極星までの多様な道のりを、どんな道筋でもいいから信じて歩めるかどうかなのかもしれないと思った。

私もまだまだ勉強中。けれど、地域の人たちはその背中で多くのことを教えてくれ、道を照らしてくれた。

これからも、そんな小さな日々をお伝えしていければと思う。

2017年4月12日 掲載

変化への答えがないことに、動じなくていい

「最近の天気は雑だんが。寒ければ寒い、暑ければ暑い」。そう人間のように天気を語る村の人。そういえば昨日は急にあられが降った。そんな変化のなかでも、こぶしの真っ白な花は空に舞い上がらんばかりに咲く。

「今年はどんな農業になるかな」。そんな話をしながら、種もみの播種《はしゅ》が始まった。一枚一枚、ぷっくり膨らんだもみをまいてゆく。

「今年も水が少ないでしょうか」。まぁ、と一息ついて「雪が少ない、多いというより、雪が少なくて水が少ないなら少ないなりに工夫してやるだけ。毎年違う自然に合わせるだけで、なにも動じることはない」と笑って、橋場さんは答える。

変化に応じるためには、作物が変化の中でどんな反応をするか、観察がすごく大切になり、そのなかで答えを探してゆく。

そういえば、こうやって種もみをまいて、この子たちが秋にはたわわな実りとなり、お米となって私以上に旅をし、多くの食卓へ届き、その送り出した子たちがおいしかった、嬉《うれ》しかったとお客さまからご連絡をいただくその一連は、こどもを社会へ送り出すドキドキと似ている。

橋場さんと播種作業

そうやって自分がはぐくんできたものたちの最後を見届けることができるのが農業。けれど、みずから産んだ娘は、この世に産み出しておきながら、その子がどんなおばあちゃんになり、どうやって人生を終えるのか、それは幸せであっただろうかと、最後まで見届けることができないのかと、ふと播種作業をしながらせつない思いになった。

育児が始まると、してはいけないこと、すべきことといった膨大な情報に追いかけられ決断疲れをし、あっという間に過ぎていく。

変化のなかでいろんな手を打ち、答えのない答えを探しながら、その子が最後に生まれてよかったと思える日を増やすことが、最後まで見届けられないからこそ、できることなのかなと春作業のなかで思った。

2017年4月26日掲載

作物やこどもをはぐくむ暮らしを、しあわせにする

山から春がにじみ出す。空からは雪の代わりに、風に乗ってたくさんの鳥の歌が降ってくる。山肌じゅうから、雪解け水がにじみ出し、つくしたちは落ち葉をつきやぶって伸びている。

春の農作業もはじまり、お米の苗を育て、水路の堰《せき》上げをしながら、山の血管に水を通してゆく。春ののどかさに誘われて、娘も連れていくようになった。人工的なおもちゃはすぐ飽きるし、限られた家のなかをあっちこっちと落ち着かなく、引き出しをあけたり、ものをばらけたり、片付けるの永遠ループが続いていた。娘を追いかけながら「あれはだめ、これはだめ」と、気づくと疲れて無言になってしまう。

ところが、山に連れていくと自然のなかから無限におもちゃを見つけ出して、いつまでも飽きずに娘なりに遊んでいる。私や村の人の農作業にくっついては「やりたがり」を発揮してみたり、歌ったり眺めたり、石ころや木の枝など娘だけの宝物を見つけて、いつのまにか車の荷台に隠してあったり。コンクリートの上ではあんなに逃げ足の速かった娘が、山道、坂道、木の葉や木の実、枝の落ちたフカフカデコボコの農道を、ふがふがと歩いている。

おてつだい娘

10時の休憩で、車の荷台に並んで座り、バナナをかじっていると、のどかに風に揺れる春の若葉たちと、静かにもぐもぐする娘。心に余白があると、会話もうまれる。目をある程度離せないのは同じだが、安心感が格段に違った。娘と出逢《であ》うまでは、私にとっての農作業は仕事で、地域の大切なものをつなぐための手段だったが、いまは農作業や田園は、こどもや暮らしや作物をはぐくむ暮らしを、しあわせにしてくれるものにもなったように思う。

農村はやっぱり、はぐくむ人にしあわせを与えてくれる。だからこそ、守るべきであり、しあわせをちゃんと地域にお返ししていきたい。

２０１７年５月１０日 掲載

シンプルな世界が、営みをつくる

よく「沢からは、いい風がふく」と、村の人から聞く。このゴールデンウイークはどこの集落でも道普請ざんまいで、先日は、入山《いりやま》集落の同じ棚田エリアの山本又司さんと水源水路の堰《せき》上げをした。中越地震によって水脈が変わって水が来なくなったという山奥の水源まで、山本さんと、デートだとだまして連れ出した夫と、私の3人で歩いていく。カヤや色んなツルやこごみの群生をかきわけながら、にじみ出る水を確かめ、かつて田んぼだったところに鍬《くわ》を立てて水路を作った。雨に打たれながら、ほうぼうからじゃぶじゃぶという音だけが聞こえてくる。

ポンっと栓が抜けるように、やっと水が通ったときには静かな感動に満たされた。

ちゃんと道さえ作り導けば、かなりの量の水が息を合わせたように、こんこんと沢からやってくる。その姿はまさに与えられる「恵み」だった。雪解け水や湧き水が、あまりにもだぶだぶとやってくるので、思わず「この水はどこから来るんだろ？」と聞かずにはいられなかった。

「水は、谷に集まるんだよ」と、夫が答えた。そのあまりにもシンプルな答

貫通記念！山本又司さんとともに

えに、逆にはっとさせられた。「池谷」「入山」という名の通り、谷と山の集落。山の折り目である谷には、雪が今でも残っていて、沢には水が流れ、谷に寄り添うように田畑がある。そんな山は、ふところに大切なものを抱いているようで、そこからやってくる風はいつもひんやりしていて気持ちいい。

「水って、結構な旅をするもんですね」

「いやいや、これからこの水は、信濃川につながるんだから」

「なんとこの山奥から！」

「ほら、おらどこは、この道ずーっと歩いて、あの沢の向こうにも田んぼを作ってたんだ」

そして、もうひと山向こうを指さす。なんだか、世界は広いようで狭く、複雑なようでいて、とてもシンプルなのだと思わされた出来事だった。

2017年5月24日 掲載

忙しいときこそ、誰かを思う余白が行き交う

やっと先月末に田植えが終わった。そして、息をつくひまなく補植、草刈り、さつまいもの畝立て、植え付けと、季節に追われ、適期に追われ、ひいはあ言っているあいだ、人はこれを「農繁期」と言うことに気づいた。そして、そんな農繁期のさなかに、30歳の誕生日を迎えた。移住し就農したころは20歳すぎだった私が「30歳」とは、ドキドキしてしまう。

少しは大人になれただろうか。少しは誰かの役に立てているだろうか。そんなことを思う、農繁期。けれど、ふと気づくとそんなときこそ、いろんなものが行き交う。

ある日はお借りする田植え機に「ぜひ食べてください」のメモ書きとともに、アスパラが乗っていた。わらびのおかずをお返しにお持ちし、大きなタケノコをいただき、さつまいもパイをお持ちし、物を貸したり、借りたり、田植えのお手伝いをしたり、助けてもらったり。

行き交うのは、物だけではなく、その人の時間や思いも行き来し、皆忙しいこの農繁期を助け合いながら乗り越えてゆく。忙しさのなかに、誰かを思う、ちょっとした隙間がある。

畦を歩く、娘と夫

「田植えのときも手間のやりとり、時間のやりとり。これを『結《ゆい》』って言ってな」と言う村の人。その精神が今も残っており、「結」を支えているのは誰かを思う想像力のように思えた。そして今より人口が少なかった100年前までは、助け合うことで地域が機能していた。忙しくなると、つい周りが見えなくなってしまう。そんなときポンポンと肩をたたかれると、はっと気づかされる。畦《あぜ》で手渡されるジュースを手に、恥ずかしい気持ちになる。

私たちは、この世界にみんなで共存し共有している。30歳の私も。たぶんと田んぼに足をつけ、泥の下の地盤をゆっくり歩くように、土に離れず生きることが、忘れてはならない多くを思い起こさせてくれるように思った。

2017年6月14日 掲載

地域まるごと、ようちえんに

しこたま降った雨が、むっと大地の隙間から蒸気となって立ち上るような蒸し暑さだった。晴れた。青空わたるその日、第1回の越後妻有森のようちえんノラソラ「やまんなかピクニック」が開催された。

森のようちえんとは、北欧発祥の自然環境の中での幼児教育や子育て支援活動のこと。昨年末から、ママさん、未来のママさん、元保育士さん、そして男性メンバーも含めて話し合いを重ね、「この地域だからこそできる保育」を考え、形にしてきた。「なにはともあれ、やってみよう！」から始まり、今年はイベント型で十日町・津南の各地域で開催することに。1回目の会場は、私の営農する池谷集落となった。

太陽のように明るく、勉強熱心な元保育士で移住者でもある高橋真梨子さんを引率とし、集落の山本浩史さんに案内役をお願いし、総勢50人近くの親子で畑までの山道を歩いた。

いっぽ、またいっぽ進むごとにこどもたちは宝物を見つける。その引き出しを山本さんが上手に引き出してゆく。フキのコップで水をすくい、草で水鉄砲をつくる。アオソの葉をぺたぺたくっつけ合い、背中に葉っぱをつけたまま歩

青空の下でかけまわる大人とこどもたち

いてゆくこどもの小さな背中たち。私が何げなく農業をし、行き来していたこの道が、こんなにも遊びに溢《あふ》れていたなんて。

　こどもたちのエネルギーと暑さも相まって、汗溢れる1日となったが、「この地域で、こどもたちの顔をたくさん見られるってのは、やっぱいい」という山本さんの言葉にじいんとくるものがあった。

　塀の中だけでなく、地域まるごと、ようちえん。農村が、たべものを生産するだけでない可能性を引き出し、こどもたちにたくさんのプレゼントを渡せられる場所となってほしい。地域の未来のつなぎ手であるこどもの幸せ、そして安心してはぐくむことができる母親の幸せを、きっと農村はつくれる。

２０１７年７月12日 掲載

変化の中でも、農家が精神的に強い理由

「落花生、まいてみるか」

そう声をかけていただき、集落の方から落花生の種を分けていただいた。ハイこれ、と茶封筒でいただいたものは、種というより落花生そのままんまで、「あっ、本当に落花生から落花生ができるんだ！」と当たり前でありながら、不思議な気持ちになった。

先月からケースの中で芽出しをし、やっと植えられるくらいに育った落花生は、パカっと種を割って芽を伸ばし、とても可愛《かわい》らしいぷっくりした葉を出した。芽が出るまでは時間がかかったが、そこからは早く、水をやるごとにぐんぐん伸びていった。作物は、素直で、正直だった。

いっぽう2歳を目前にした娘は、それはもうやんちゃ娘となり、なにかの会に連れていくと、親を置いて風のように歩き回り、追いかけるのに精いっぱい。そうやって右に左にバタバタ追いかけているときにある方から「愛されて育っているのね。自分が愛されているって思うと、世界を怖がらずにどんどん冒険するのよ」と言ってくださった。信頼や愛情は、ひとを強くするのだと、はっとした。

種から芽を出した落花生

手をかけた分、応えてくれる作物も、まるで自分を信頼してくれているかのようで、それはどこか農家さんが精神的に強い理由でもあるようだった。信じてくれること。信頼の後ろ盾となる親族も友人もその地にいないという、ある意味心の安全地帯を持たない移住者が、家より仕事より、なによりまず一番にほしいものかもしれない。

移住したてのころ、芋の苗を一緒に植えていたときに「あのな、世渡り上手ってのは、口がうまいか、人をだますのがうまいやつ。でも作物にそんなことしても効かないだろ。まっすぐ向き合えばまっすぐ育つ。それなりに向き合ったらそれなり。作物は正直なんだ」と教えてくれたのを思い出した。まっすぐ向き合う。青空の下、山がさをかぶった背中が遠くに見えた。

２０１７年７月26日 掲載

こどもたちの無限大の感性を受けとめる農

雨が続いたせいか、いつも土が湿っていた。この季節特有の雨の香り。ときどき蝉《せみ》の鳴き声が、小雨の隙間にねじこまれる。春に植え付けたさつまいも畑もすっかり緑のじゅうたんとなった。

今年も地域の小学校でさつまいもの先生をやらせていただいた。山と川と田んぼに囲まれた、素敵《すてき》な学校。みんなで芋の苗を畑に植えた。おわりの会で、「さつまいもは強いので、自分の力でどんどん大きくなります。でも、作物は人の足音を聞いて育つんだと、地域の方が教えてくれました。だから、ちょこちょこおいもさんの様子を見にきてあげてね」といったような話をした。

そのあと、みんなでわいわい雑談をしながら片付けをしていると、芋を植えた畝の周りをドドドドと走って往復するこどもたち。「おいもさんにさっそく足音聞かせてますー！」「大きくなれー！」

そんな姿を見て、愛《いと》おしすぎて胸がぎゅっとなった。

先日は来月で２歳になる娘をさつまいも畑に連れて草取りをしていた。最近の口癖第１位「あさちゃんもやりたい！」をたくさん発動させ、はじめはにぎやかだった。

畑のなかの、娘

しばらくすると静かになり、ふと娘のほうを見ると、しゃがんでさつまいもの葉っぱについていた雨の雫《しずく》をなめていた。「なにしてるの」「なめてた。おいしい！」「おいしいの？」「おいしい！」。その後も株元に土を順番にのせていったり、空を横切る鳥を「おかえりー」と呼んだり。

こどもたちは、いつも想像のななめ上を行く。でもそれは全て、こどもたちなりの意味があるものだった。こどもたちのすなおさや、正直さや、とっさに思いつくこと、畑にいると全て受け入れられる。空間的な広さがそうさせるのか、自然そのものの懐の深さなのか、そしてそんなこどもたちなりの自由な発想を発揮できるこの農村環境が、とてもありがたく思えた。

２０１７年８月９日 掲載

どんなにダメな自分も、家に帰ればひとりの母

「ママーっ！　見て見てー」と背中から声が聞こえた。

畑の草取りの最中、振り向くと、ちぎったさつまいもの葉っぱを鼻にくっつけて、娘がニンマリしていた。「あっ」と葉っぱがはらりと落ちると、またちぎって、顔にくっつけようとする。大切なさつまいもの葉っぱをちぎろうが、どうでもいいくらい元気が出た。

つらいことやしんどいことが続くと、去年の私はなにを考えていたんだろうと記録をさかのぼる。去年の夏、「暮らしのなかに、仕事を添えたい」とメモ書きしていた。なんだか最近、とても忙しかった。

もう少しさかのぼってみる。両手におさまるほどだった、小さな娘。エコーに映った、小さな粒だった娘。あのとき、新しい命に出逢《であ》えた私は、生き続けてよかったと思ったなぁ。

季節に追いかけられ、追いつくのに一生懸命で、毎年上手にできない私が嫌いな私。自分のこどもと山のなかで畑をしたり暮らしたりするのが夢だった私。生き方を教え価値観を変えてくれた地域を、大切にしたい、つなげたいと思った大学生だった私。良くも悪くも変わらない私がいた。でも、そんな私のそば

葉っぱで遊ぶ娘

にいつも誰かがいた。
信じてくれている師匠たちのために頑張ろう。励ましてくれる人たちのために頑張ろう。家で待ってくれる娘のために頑張ろう。どんなにだめな私でも、家に帰れば一応、「母」にさせてくれる。母であることが恥ずかしいくらい、外では叱られたり注意されたりしながら反省し、時々「女のくせに」や「よそ者が」と言われることもありながら、また一歩を踏み出す。私のお母さんは、どうやって頑張っていただろう。誰かのために生きるから、明日も「行ってきます」ができるのかな。
都心に住む友人は「こっちは人は多いけど関係は浅いから、この人のためにっていう存在や、そう思えるつながりは生まれにくいよ」と教えてくれたのだった。

2017年9月13日 掲載

失敗してもいいと認めてくれる存在が勇気となる

ひと刈りごとに、山から吹く風が冷たくなってゆく。稲刈りはなかなか進まない。一方、畑に一列ずつ並ぶ大根、白菜、野沢菜は一葉ずつ、ひと巻きずつ、緑色の花のようにぱっと規則正しくひらいていった。

先日、女性農業委員の魚沼ランチミーティングがあった。そこで、なにかの話題でふと、会長さんが「農業をつなげることは、農村をつなげること」と口にされた。本当にそのとおりだと思った。

また、そうだからこそ、農業で一人勝ちしても意味がなく、地域全体の価値が上がることや、地域全体が活性化されることが、自分の利益に返ってくるのだと、移住女子の活動や、十日町・津南若手ファーマーズちゃーはんの活動を通して肌身で感じた。そして、そう考える若い農業者もたくさんいることに気付いた。

若手のテーマはいつしか「全体で底上げ」だった。だが、ひとりだけの農業とは異なり、多様な多くの人と関わることになる。異業種の人とも会話するため、共通言語を持てるよう勉強もし、迷惑をかけないよう気をつける。

そんななか、籾《もみ》すりの休憩でかねてから構想していた干し芋の加工所建設の

稲刈り風景のなかの娘と

話になり、橋場さんと「あの人はいろんなチャレンジをしていてすごい」という話になった。

「お金があるのか、なんだかどんどんチャレンジできるってすごいし、羨ましいです。資金力があればなぁ」と私。

「いや、勇気があるんだよ。勇気の違いだよ」

「勇気…」

「失敗してもいい、失敗したらまたやり直したらいい。素直に失敗しましたと認めればいい。やらないのが一番悪い。そういうもんなんだ」

そうして、お茶を飲みながら「勇気」の言葉をかみしめた。この地域で、自分以外のなにかのために、いっぽいっぽ、そして一手一手をチャレンジしてゆく人たち。

私にとっては、「失敗してもいい」と認めてくれる存在がなによりも大きな勇気だった。

２０１７年10月11日 掲載

「昔おんなじような失敗して ばかみたんだ」

秋を飛び越さんとばかりに雪の季節を思わせる白い空に、星屑《ほしくず》をばらまいたようにきらめく籾《もみ》すりの籾。光が当たり、空からぱらぱらと舞い落ちるダイヤモンドダストのように秋の空にちりばめられる。

なんとか持ちこたえた空も、夜になるとぱたぱたと雨が屋根を打つ日が続く。夜が明けても、音もなく間断なく雨が山を打ち付けていると、今にも雨粒が雪に変わりそうな予感さえする。思うようにはいかない。

雨が続くので、田んぼの状態もよくない。工場の中でやるものではないからこそ、変化することが当たり前で、毎年違う中で、今できるベストを尽くすものの、それでも今年は課題の残るシーズンとなった。稲刈りは最後の田んぼ1枚となってコンバイントラブルがあり、なお落ち込む。

「トラブルがあったときこそ、焦らず、ゆっくり、冷静に、ひとつひとつやるんだ」「おらも、昔おんなじような失敗してばかみたんだ」。私のなかなか進まない稲刈りに、何も言わず一緒に付き合ってくれ助けてくれた山本浩史さんが、ひとつひとつ、丁寧に絡まったトラブルの原因をほどきながら話してくれた。申し訳ない気持ちとともに「自分も同じような失敗をしたんだ」と聞くと、

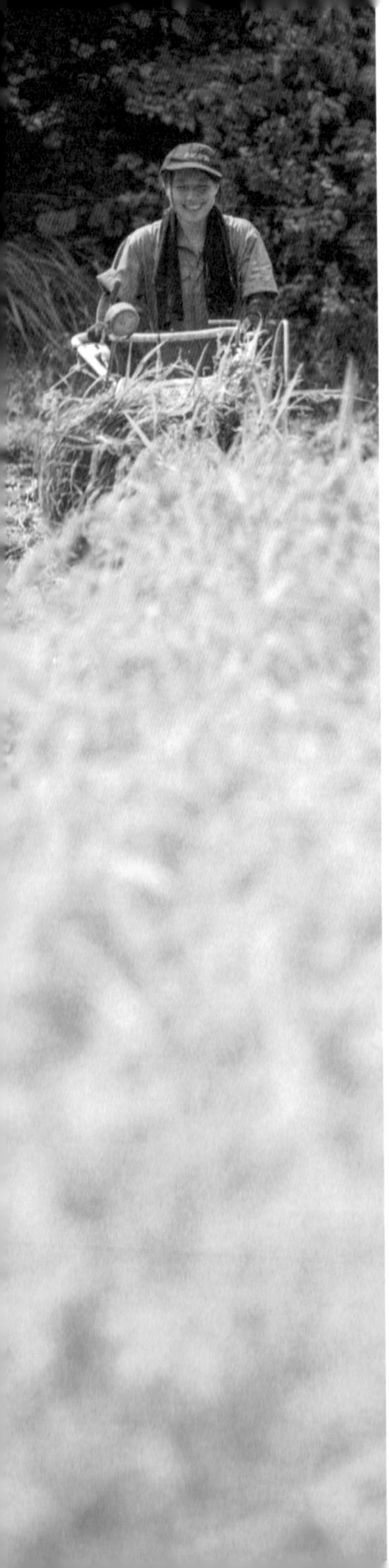

なぜかほっとした。たくさんの失敗をわが身に受け止めながら、正直に素直に次の米作りへ向かい、本当の農業者となってゆくのだと思わされた。

午後3時を過ぎれば、ストンと暗さへ落ちる。真っ暗になった山本さんの作業場で、軽トラに積んだ籾を乾燥機に入れてゆく。けたたましい音が山に響いた。先日、暗い中で脱穀していたとき、光がなくても山はとても明るかった。帰るころ、景色がひらけたときにまん丸な月が顔を出した。月が村を照らし、道を照らす。太陽も、月も、いつも静かに照らしてくれる。山本さんはそんな人だと改めて思った。

2017年10月25日 掲載

豊かに変化する農村はディズニー

じゃぐ、じゃくという新しい長靴の裏の感覚に、娘は畑を行ったり来たりしていた。放っておいていたら、「おかーさーん！　だっこ」と、向こう側で両腕をぱっと開いて立っていた。

畑に霜が降りた。キラキラの小さな星屑《ほしくず》の上を歩いているようで、わくわくする。天の川を歩くと、きっとこんな感じだろう。きんと冷たい空気が頬を刺してくるけれど、青空のせいか道を歩いてみたくなる。秋と冬の季節のまんなかで、ひとつ、ひとつ、雪囲い板をはめながら秋に少しずつ封をしていくようだ。

東京に住んでいた頃は、こうやってひとつひとつ季節をしまってゆくような作業はなかった。自分の洋服が変わってゆくだけだったものが、自分の身の回りも季節に合わせて（雪が降るまでに、間に合うかどうかの焦燥感もありながらも）丁寧に手を加えていくことで、自分ひとりではない大きなものの中で暮らしをしている感覚になる。というより、季節がやることを与えてくれるから、ぼうっとしていられない。私を生きさせてくれる。そういう意味でよく「私は飽きっぽいところがあるから、新潟は面白い」と話すことがある。

さて、先月降った雪はだいぶ消えてしまったが、まだ少し残っている雪を見

突然始まった、おにぎり屋さん

つけては「おにぎりー！」と娘はかけ寄り、冷たさもなんのその、突然おにぎり屋さんが開店した。むちむちの素手で、ころころ雪をまるめては、地面に並べてゆく。いらっしゃい、いらっしゃーい！と客寄せをしていたかと思うと、そのすぐあとには歌手になって歌を歌い始める。

月日ごとにできることが増え、言葉が増え、それに伴ってアトラクションが季節ごとに変わるディズニーランドのように暮らしの景色も変わってゆくのだから、飽きずにいつも楽しそう。変化の上をするする滑ってゆく。変化はときに親を楽にしてくれる。変化もいいものだ。

２０１７年12月13日 掲載

おや、
水がつまっておる
ゴボゴボ

おへび！

第5章

うつろう

変化と失敗、
挑戦の
2018年

回り道も寄り道も、前に進む返し縫い

それは突然だった。インターンに来ていた女性が新年早々、「決めたんです。私、十日町に定住します！」と、宣言した。ゆで卵がつるんとむけたような、つやつやして、きらきらした表情だった。

「なんだか、十日町にはかけがえのないものがたくさんあって、そういうものにたくさん出逢《であ》ったんです。東京に住んでいるときは、それがありませんでした」と言葉を続けた。かけがえのないもの、そういうやさしい響きのある言葉を久しぶりに聞いた気がした。そして、その意図するものが、私にはとてもよく理解できた。

けれど、東京の友人たちに言われるのは「なぜそんな田舎で」「一体何をしていて」「どうなりたいのか？」ということ。周りは幼稚園教諭としての11年のキャリアを惜しく思うようだが、「この場所で、この人たちと暮らしたい」という、ただ、その強い気持ちで移住をし、自分なりに生き方をつくり、仕事をつくってきたたくましい女性たちがいることを知っているから、それでいいのだと思える。回り道も寄り道も小さな決断たちも、着実に前に進む、返し縫い。

先日、「農村女性のキャリア形成」をテーマに卒業論文を書いている大学生

香川の田んぼ道を歩く娘

がインタビューに来た。「キャリア」というと、バリバリ働き配属のステージが上がり、管理職となり、という「レベルアップしていく」「偉くなっていく」外から見る階段のイメージかもしれない。けれど、私にはどちらかというと「トライ&エラーしながら、好きな自分に近づいてゆく」内から形成されてゆくほうが近い。ものさしは、自分。

年末に香川へ帰省し、仕事の片手間ではない、娘とだけの時間を過ごした。「きれいだから、もう少しあっちへ歩こう?」。いつの間にか、そんなキザなせりふを吐く娘に驚きつつ、遠くへ、遠くへ歩いた、かけがえのない時間だった。

2018年1月24日 掲載

みんなでやるから意味がある

２０１３年、たった10キロの芋から始まった干し芋加工。いまでは5軒の農家で３トン近く、加工するようになった。これまでは、池谷集落に以前住んでいた籾山さんに加工をお願いしていた。大変ありがたいことに、お客様がかなり増え、加工量も増え、委託加工の許容量もそろそろ限界となり、加工所を建設して、農業ができない間の冬の仕事をつくろうと、自社加工を考えるようになった。

時を同じくして、生産者の方から「加工所を見てみたい」と声があがり、学園への視察計画が始まった。

突き抜けるような青空の日曜日、マイクロバスは茨城に向かった。中越地震の時にご支援くださった国際ＮＧＯ「ＪＥＮ」の方や、池谷に通ってくださるボランティアの方も一緒だった。

到着して早々、実際に干し芋加工の工程を見学し、エプロンをつけて実際にやってみた。長いテーブルを囲んでお昼を食べ、農場や作業機械も見た。本当に楽しかった。年齢も職業も出身もばらばら。ともに作業をし、同じ釜の飯を囲むことで絆を深めていく、そうやって地震以降「ちいき」をつくっていった

みんなで集合写真

池谷の本質を、垣間見られたようだった。大規模農家なら1人で芋事業をやるところ、この小さなむらではみんなでやるから意味があると思えた。

芋は土頼み。芋をつくるようになり、その素晴らしい土壌は山からの授かりものだと思えるようになった。その芋を、以前は集落の人たちが街へ下りて、売り歩くことで「池谷の芋はおいしい」という評判をつくってくれた。それも授かりものだった。

たくさんの授かりものを胸に、私も最大限がんばりたい。そして、同時に私に農業を教えてくれた師匠たちが、生きがいである田んぼをやめたとしても、できる範囲で畑を続けられ、いつものように「作り手の誇り」に溢《あふ》れた素敵《すてき》な笑顔を見られるように。そして、その営みが後輩へ続くように。それが私を農家にしてくれた恩返しなのかもしれないと、おこがましく、ありがた迷惑かもしれないけれど、加工所に向けて、気持ちを強くした1日だった。

2018年3月14日 掲載

出逢い、別れを繰り返し

雪が雨に代わるようになり、無音だった冬から、窓の外から音が聞こえるようになった。頬に触れる日差しも、娘のやわらかい、あのすべすべした手で触られているような心地よさを感じる。なんとも言えない満たされた気持ちを、春の陽気は与えてくれる。それは、命がまた生まれてゆく季節だからだろうか。すべての生き物が、その時を待つような夜明け前の静かなエネルギーを、春の山にいつも感じる。

そんな折、高校の同級生が血液の病で亡くなったという知らせがメールで届いた。香川にて、葬儀は前日だったとのこと。同じ教室で過ごしてきたから、まだ30歳の私にとってはその同級生の姿は鮮明だ。21世紀枠で私たちの学年で甲子園に出場したことがあり、真っ白なユニホームから黒く焼けた腕が伸び、控えめに笑う彼の姿が記憶に強く残っている。亡くなったことを知らせるその携帯の文字を眺めているだけで、胸に小さな穴があき、ざわざわするような気持ちになった。

同じ時を過ごした人が、いまの私からは遠い場所で、次の世界へ行ってしまった。とは言え、今後会うことがあっただろうかと思うと、同窓会でない限りな

ひいおばあちゃんの誕生日に娘と

かっただろうという複雑な気持ちにもなった。
一方、私の弟は結婚式を迎える。誰かの悲しかった日は、誰かの喜びの日でもある。
長い人生の道程で、行き交ったり、離れたり、また出逢《であ》ったり。それぞれの道を歩みながら、出逢ったり、別れたりを繰り返し、そしてまた春はやってきて、もちろん明日もやってくる。
長いようで短いこの時、命も体力も、人生も季節も変化し、得られる変化もあれば、無くしてゆく変化もあり、変化することがやっぱり怖いと思うけれど、怖いからこそ、毎年変わらない、同じことを繰り返すことでほっとするようなこともある。今年もお彼岸のぼたもちをつくりながら、そう思った。

２０１８年３月28日 掲載

春はみんな、未来の話をする

籾《もみ》のまかれた苗箱を田んぼにならべ、ぐうっと反り返ると、頬がじんわりした。「やぁ、お茶にしよう」と橋場さんが缶コーヒーを二つ抱えてやってきた。春のぬくもりを吸った地面に腰をおろし、背中に日がやわらかく乗っかるのを感じながら、小さな缶コーヒーをすする。空から降ってくる鳥たちの声をあびながら、ぽつりぽつりと前向きな話をする。

道を行けば、隠居さんと今年の芋の苗の話になった。それだけで楽しかった。これから始まる作付けや苗、芽吹く山菜の話など、春はみんな、未来の話をする。だからだろうか、春に山で出会う地域の人たちが話す言葉に、小さなワクワクがにじんでいて、そうやって流れる時間の中で私もまた土に向かえることが、とてもしあわせだった。

だから春は、たくさんの思い出ができる。

「春、田っぽでまずやるのは、雪で折れて田っぽに落ちた、落ち木拾いと、土側溝の堰《せき》上げだ」と、一番はじめ、山本さんから聞いて、「おちき、ひろい」とメモしたのが8年前。その、春のことはじめに娘を連れていくのが私の楽しみになった。

新しい春をつくってゆく娘

「今日はおやまに行く？」と冬の間、朝目覚めるたびに聞いてきた娘にも、また春が来た。

「今日はおやまに行くよ」と伝えると、朝ごはんもなかばに、風のようにリュックサックを背負い黄色の長靴を履いて、玄関で待っていた。

去年は見ているだけだった娘は、湿った田んぼや、葉っぱで詰まった上側溝の中に、友だちができた。堰上げするたびに、中指ほどの太いどじょうがびたびたとたくさん出てきた。

「どじょうさん、あさちゃんのところにおいで」「かえるさん、おなか減ってるの？」。そうして、どじょうにも、かえるにも、帰り道に車窓からあとをついてくる、昼のクリーム色のお月さまにも、手を振った。それぞれの、たくさんの春の世界が、またより一層、この季節をあたたかくしてくれるようだった。

２０１８年５月９日 掲載

寄り添う、言葉なきものたち

晴れた。前日までの雨がまだ残る田んぼに立つと、長靴をはいた両足が少し沈む。田んぼにできた小さな水たまりに太陽が反射して、きらきら瞬《またた》き、小さな宇宙ができていた。山に囲まれたそのふところで、肥料をまいてゆく。あたたかい日差しに包まれ、時折沢からひんやりした空気が風に乗ってやってくる、ただそれだけで、体中が春の空気にじわじわにじみ溶けていくような、気持ちよさだった。

からっぽのコップに、甘いみかんをぎゅぎゅっと絞り、それを粒ごと一気飲みするような。濃厚な甘さのなかに、少しだけのすっぱさ、それがあたたかい日差しのなかで、時折吹く冷たい風の心地よさと似ている。本当に気持ちがよく、一緒に作業する23歳の水沼さんと「気持ちいいね」「本当に気持ちいいね」と、ただそれだけの言葉を、何度も交わした。

けれど最近は、どちらかと言うと雨の日のほうが多い。ばたばたとトラクターを打つ雨を前に、1人のろのろと耕耘《こううん》してゆく。トラクターを置いて、軽トラのところまで歩いているときに、山がなんとも言えない甘い香りで満たされていることに気づいた。

帽子に詰まった、たくさんの宝物

雨ガッパのフードを深くかぶりうつむいて歩いていたが、ふと見上げると、藤の花やホオの葉など、いろんなものが見えた。斜面の葉っぱたちが、雨粒でぴっぴっと、ところどころで跳ね、生きているようだった。私には山を包む香りの主が分からなかったが、この山に、私以外の存在がたくさんいることになんだかほっとした。人間と、植物と見た目は違うが、同じ地平に立つ、命という同類に思えるから、さみしくなかった。

映画でも小説でもなく、何げない風や香りもまるで言葉を持って寄り添うように、心のコップを満たしてくれる。娘は麦わら帽子を裏返し、石や葉っぱや木の皮を帽子が変形するほどたっぷり入れて帰ってきた。娘もまた、山で心動くものに出会ってきたのかと思うと、なんだか嬉《うれ》しかった。

２０18年5月23日 掲載

「農業、たのしい」の原点は、くらしに地続きになった先に

べりりとアルミホイルをむいて、空の下で大きな爆弾おにぎりを食べる朝が続いた。山の中から湧くように鳥の声が聞こえ、風がゆっくり呼吸をするように流れてゆく。1日だけ、朝仕事に娘を一緒に連れて行ったが、娘も大きなおにぎりをほっぺたいっぱいに頬張って、なんだか貫禄を感じた。

学生のころ、六日町のバス停から送迎してもらったときに、車の中で地元の人からもらったおにぎりも、入山《いりやま》の畦《あぜ》で食べた背戸さんのおにぎりも、みんな両手にずっしりとのる大きな爆弾おにぎりだった。地元の香川では、小さな俵型のおにぎりしか食べたことのなかった私にとって、初めて米どころ新潟の文化を感じたひとつでもあった。

この春はいろんな農家さんのところでマルチャーという機械で、畝立てと、マルチ張りをさせていただいた。お米が食生活のベースであるように、ここでは農業もくらしに溶け込むベースであることを、改めて感じた畝立ての日々だった。畝が立ち、栽培するものがあれば、この1年も元気に畑に向かうことができる。すてきな笑顔でまた明日も土に向かうたくさんの姿に出会い、とても嬉《うれ》しかった。都会ではその生きがいを探すところからのスタートだ。

畝立てと、娘

傾斜が多い中山間地域でのマルチ張りは大変だが、いつも帰り道はぽくぽくと胸があたたかい鼓動を打った。大きなマルチャーを軽トラに乗せての帰り道、いつも思うのだった。あぁそうだった。私の「農業、たのしい」の原点は、実は生産したものが売れる喜びよりも、くらしに地続きになった先で、たのしそうにチャレンジを繰り返しながら農業をする地域の人たちを追いかけて、私も軽トラを走らせた日々にあったんだ。追いかけた先生たちが、今年も元気でいてほしい。だから私ももっと力になりたい。ぐっとハンドルを握った。

２０１８年6月13日 掲載

「おまえたがいるすけ、楽しい」をたくさんつくる

さつまいもは面白い。どんなに苗が元気でも、植えてからしばらくは力なくベターっとしなだれる。畑を見に行くたびに、ふんがふんがと、ふんばっている声が聞こえそうだ。

ところがあるとき、スンと腰を立てるときが来る。そんな姿を見たとき、「あっ、根付いた！」と思う。一度腰が立てば、あとはほとんど自分の力でぐんぐん葉を伸ばしてゆく。芋は強い。彼らのそんな姿を見ると、スコンと体に穴が空いたように清々《すがすが》しい気持ちになる。

「今年はうまく根付いたな」と、畑に居合わせた橋場さんが、坂をのぼってくる。お互いの芋を見合いながら、あれこれ話した。

先月、田んぼで山本又司さんと一緒に、畦《あぜ》で並んで水沼さんの田植えを見守っていた。彼女にとっては初めての田植え。そういえば、私が来たばかりの頃も、こうやって村の方たちが畦から耕運や田植えの様子を眺めてくださっていたな、と思い出した。でも当の本人は、初めてのことに一生懸命だ。むしろ真剣さから、ちょっと顔つきも怖くなる。

そんなことに思いを馳《は》せていると、山本さんが帰り際に「田っぽ来たらいつ

畦を歩く又司さん

もおまえたがいるすけ、楽しいて」と満面の笑みで言ってくださった。あまりに嬉《うれ》しくて、どんな言葉を返したらいいか、とっさに言葉が出なかった。

ここは廃村になった集落。通いで農作業をしている人たちが私を含め何人かいて、維持されている。いまは田んぼ作業もほとんど機械化され、1人でも農作業ができるようになった。農業者が減るなかで、同じエリアで同じように季節を越えて、お互いの作柄を見合いながら、いろんな会話を交わし、一緒にこの場所に携わる農家さんがいることがとても心強かった。私たちも、これからの後輩たちにとって、そんな存在になってゆきたい。

2018年6月27日 掲載

チャレンジしようと思ったときにしなければ、ずっとやれない

ちょうど去年のお盆前、皆で干し芋加工の視察に行く前のこと。農業の師匠である橋場さんから電話があると、いつもドキッとする。「これしなきゃだぞ」「あれが間に合ってないぞ！」というご指摘の電話が多かったから。だから、その日も携帯が鳴ってドキッとした。

けれど、電話からの語り口はいつもの勢いと違い、「お盆は香川に帰るのか」から始まり、優しかった。

そして「あの件は、結局どうすることにしたんだ」と言った。実は干し芋の加工所建設にチャレンジしようとしていたがこの頃、諦めようと思っていた。私の不手際もあり生産者外からの反対が根強く、心が折れ、素直に子育てに専念すべきかとも悩んでいた。

畑で会うたびに聞かれ、「チャレンジしてみろ」と言われるものの「そうですね…」といつも言葉をにごしていた。

その電話が来たのは、それから１週間たったころだった。

やっぱり私は歯切れ悪く話してしまった。けれど「大丈夫だよ」「やろうと思ったときにすぐやらなければ、ずっとやれないんだから」「自分の気持ちが大事

空に一番近い、さつまいも畑

なんだ。頑張ってチャレンジしてみれ。大丈夫だから」と、強く、優しい言葉で胸がいっぱいになった。

思えば、いつも励まされていた。移住を悩んだときも「大丈夫、女でも気持ちがあれば農業できる」と言われたのを思い出した。ナスを全滅させたときも、さつまいもを腐らせてしまったときも「また次頑張ろう。次乗り越えれば失敗なんてないんだから。今いっぱい失敗すべきなんだ」と一緒に片付けをした。

毎日フル回転、手が回らないときもあり、その励ましに、ちゃんと応えられているだろうか、といつも胸がざわざわした。

8年たった今も、励まされ続けている。私はいつも、師匠の言葉に助けられていた。そして私は二つの決断をした。

2018年8月22日 掲載

いくつになっても夢を語り続ける挑戦者でありたい

少しだけ、空気が肺に入ってくるようになった。重さを持って押してゆくような熱気の隙間から、ひんやりとした風が滑りこむようになり、気付けばカレンダーも9月になっていた。

「大丈夫だ」と背中を押していただき、昨年腹をくくった大きな二つの決断。一つ目は、2013年から集落の農家さんと栽培したさつまいもを、委託加工で干し芋にして販売していたのを、地域に加工所をつくり、この場所から届けようと決めたこと。二つ目はこの夏、集落の民宿を引き継ぐことだった。

母となり、出産したとたん私自身が持続可能でなくなってしまい、悩んでいた時期が長かった。妊娠中、子育て中の自分の農業はどうする？　また、結婚後は通い農業が始まり、気持ちはいち村人として励むが、かつてのように暮らしの中にしごとがある状態とは異なり、家族との暮らしを大事にしながらどのように農業を続けたらいいだろうか？　私らしい農業ってなんだろうか？　育ててくれた先生たちにどうお返ししていけるのだろうかと、すごく悩んだ。その間、地域や家族にすごく助けてもらった。悩みながらも、全力で地域の農業に向き合い続け、そこに娘がいたから強くなれた。

娘がこの場所で笑い続けていけるように

そして、昨年夏の師匠の電話ではっとした。私がこの8年間を通して、限界集落を脱したむらの人たちから教えてもらった生き方は「いくつになっても夢を語り続けること」「失敗を恐れず挑戦し続けると、新しい未来はつくれること」だった。

私も現場で汗をかきながら、夢を語り続ける挑戦者でありたい。むらの人たちが私に見せてくれた背中のように、私も身をもって娘に示していきたい。それが、私ができる子育てであり、集落に来たときに「農業が生む大切なものをつなげたい」と漠然と思っていたものの正体なんじゃないかと、初めて気付いた。

まだ半人前で不完全な農業者として、母として、師匠たちのため、娘のため、全力で未来をつくると、腹をくくった夏だった。その後1年かけて、計画をつくったり、相談したり、皆で視察したり。様々な意見が出る度、説明をし、修正し、その度「失敗してよかったじゃないか。大丈夫だ」と励まされ続ける1年となった。

2018年9月12日 掲載

難を乗り越え、成熟

先日お亡くなりになった樹木希林さんが、あるインタビューでこのようなことを話されていた。

「『ありがたい』というのは漢字で書くと『有難い』、難が有ると書きます。人がなぜ生まれたかと言えば、いろんな難を受けながら成熟していくためなんじゃないでしょうか」

夜、窓から滑り込む風がひんやりとお布団の表面を冷やすようになり、内側の体温のあたたかさが、心地よく感じる季節となった。となりに眠る娘の、うっすら茶色い髪の毛が、ふわあっと枕に広がる姿をみて、より愛《いと》おしさが増した。

窓の外はうっすら明るい。けれど、娘のまあるい後頭部を眺めながら、なかなか起き上がることができなかった。加工所を実現するため奔走する日々、いろんなことが起きる。それをひとつひとつ真摯《しんし》に乗り越えてゆこう、そう思っていたけれど、心より身体は正直な気がした。

こんな大人になりたいと思った農業者たちとの出逢《であ》い。通うたびに大好きになる地域。その引力に引かれるまま移住した私の夢をかなえてくれた。農業経営できるまで育ててくれた。だから勝手でおこがましくも、農業を通じて少し

秋に向かう棚田

でも地域に貢献したい。そんな思いを抱いて田んぼや畑に向かっていた。

結婚してから通い農業になってもその思いは変わらなかった。けれど時に、その思いは違ったように周りに伝わったり、誤解を与えたりすることもある。

通い農業になることでよそ者になり、日常的なコミュニケーションが難しくなった。出産してからはなおさら。限られた時間のなかで日々、遅れまいと必死でやる農作業の一方、事業で関わっている農家さんだけでなく、住民の皆さんへの十分な説明を両立させるのは難しかった。

2013年に干し芋の販売を始めたときからぼんやりと描いていた加工所の建設。昨年の夏の決断から走り続け、約1年半が経過していた。

応援してくれる方もいれば、違った感情で受け止める人もいる。私も難を乗り越えながら成熟できるのか―。外では強くあろうと気丈に振る舞うが、夜になるといつも涙が止まらない母に、このときなってしまった。

2018年9月26日 掲載

どう生きてきたかが、顔に出る

予報は曇り雨だった。雲間から太陽が見え隠れする。病室に行くと、なんとか小さく息をしている祖父がいた。９月下旬、祖父が危篤と聞いて娘を連れて地元の香川に帰った。

窓の外から一瞬日が差してカーテンがたわみ、病室がぱあっと明るくなった。いつも風のように来て風のように去る、年末年始のあわただしい時間と違って、久しぶりに家族全員で過ごす穏やかな時間だった。

「今日は死ぬのにもってこいの日」という、インディアンの哲学書を思い出した。不謹慎なタイトルだが、内容は自然界の命の循環と同じように、死を通してまた命を取り戻すという死生観がつづられ、死を語りながらも今日を生きる元気をもらった本だった。

祖父は、胸での呼吸から喉にかわり、少しずつ少しずつ数値を落としていった。「みーんな来てるよ。みーんないるよ、よかったねぇ」と祖母が胸をさすりながら声を掛けた。一瞬、心拍が急に駆け足をするようにタタタっと上がったかと思うと、次の瞬間、すとんと落ちた。静かな冬の前に燃え上がるように色づく、短い秋の山々のようだった。祖父は驚くほど優しい顔をしていた。

元気だった頃の祖父と娘

告別式の準備をしていたら、祖父が入っていた失語症の会の冊子が出てきた。祖父は私が生まれる前年に脳梗塞になり、失語症となった。そのため、祖父はいつも身ぶり手ぶりで私とコミュニケーションをとっていた。冊子に「死のうと思った」という言葉があった。孫と言葉を交わせないことが一番の心残りと聞いたが、私にとって祖父との思い出は楽しかった記憶しかない。けれどその冊子を読んで、祖父も等身大のひとりの人間だったのだと気付いた。

一緒に行った夫が「40を過ぎたら顔に責任を持たないと。どう生きてきたかが顔に出る」とリンカーンの言葉を教えてくれた。湯灌《ゆかん》の時、祖父の頬を拭き、その美しさに見とれた。夫の言葉の意味がよく分かった。「加工所建設が中断となった今の私に、人生の終わりであり始まりに向かって、私たちは今日を生きているのだ」と訴えかけるものだった。

２０１８年10月10日 掲載

ひとのあり方が、空気となり、地域となる

むっちりした小さな手でなにかを握りしめ、「おとうさんと、おかあさんと、じじと、ばばの宝物だよ」と娘がテテと田んぼを小走りでやってきて、ぱあっと手を開いて見せたのは、稲穂だった。

その娘のずっとうしろに見えるコンバインの回りには、星屑《ほしくず》が秋の空気に絡まりながらきらきら瞬《またた》くように、トンボたちが舞っていた。稲の粉で頬がちくちくするが、スコンと高い秋の空を肺いっぱい吸い込みたくなるくらい、気持ちのいい季節だ。

稲刈りが終わったかと思うと、すぐさま芋掘りが始まった。去年インターンに来てくれた方、親戚の方々、昔集落に通ってくださった方、夏に来てくれた大学生。そして、多様な人たちが交ざり畑に点々とちらばる人たちの間を、するする通り抜けるように走り回る娘がいた。工程が多いから、いろんな役割が生まれる。どんな人をも受け止めることができる、農業が好きだ。

娘は最初、「長靴に土が入って気持ち悪い！」と言い、何度も長靴をひっくり返していたが、つんと静かになったかと思うと、いつのまにか長靴も靴下も脱ぎ、はだしでふかふかの畑を足でもんでいくように、のっしのっし歩き回っ

ていた。よく笑った。本当に楽しかった。

農業はみんなでやるから楽しい。心も身体も壊した私を見かねて来てくれた親戚の方々からも、差し入れとともにたくさんのエネルギーをいただいた。夫と私の「婚姻届」という、いわば紙切れ一枚で、赤の他人だった私を次の日から家族として受け入れてくれ、私と同じように池谷を好きになってくれ、信じてくれたこと。それは、十日町に移住して得た、なによりの宝物だった。

そして実りが毎年繰り返すように、多様な人たちとの縁も、じっくりじっくり深まっていく。地域は「ひと」の集合体。ひとのあり方が空気となり地域となる。どのひともまろやかで、心地よい秋の畑の空気が、優しかった。

２０１８年10月24日 掲載

秋の実りとともに

終わりと答えがないから、前へ歩ませてくれる

おいしそうな畑―。橋場さんと一緒にさつまいもの収穫をしながら、ふとそんな思いがわき起こった。

赤っぽい土の中から、ドキッとするほど鮮やかな芋の肌が顔を出してゆく。そんな姿も十分おいしそうなのだが、それよりも不思議と「土がおいしそう」と感じた。

一歩一歩歩くたびに、ずんずんと長靴が沈む。粘ったところに足を取られる感じではなく、もっと綿のように柔らかいものに足が包まれていくような感覚だった。とはいえ、さっくりさっくりしていて、粒感のある砂糖を混ぜた、パンケーキの粉の上を歩いているようでもあった。それは不思議な幸福感だった。つい、土を取って匂いを嗅《か》いでみた。なんでうちの土と違うんだろう。

私たちが生産している干し芋は、9軒の農家さんが芋を栽培している。栽培方法などを統一しているものの、土の力に左右されやすい芋は、その人それぞれに「らしさ」が出る。ちゃんと根拠を持とうと思い、今年から栽培してくださっている皆さんの土壌調査を始めた。そうすると、歩いてみて、触ってみて、嗅いでみて、どの人の土も違っていた。そして、人のあり方が違うように、そ

橋場さんの畑にて

の人の人柄が畑に現れていた。それは選別の仕方も出荷の仕方にも現れた。

スコンと晴れているが、頬に当たる冷たい空気が心地いいある日。掘り取りの休憩時間に、「土がおいしそう」と橋場さんに話した。

「やるからには、他の人の畑と比べて、観察と実験をして研究し、どうしたらいいか考えなきゃだめだ」と橋場さんは言った。

「これでいい」と満足することはない。終わりと答えがない農業は、人を前へ歩ませてくれる。どんなあり方でもいいと受けとめながら、「もっともっと」と追いかける面白みがある。チャレンジは終わらない。立ち止まりながら、自分らしく、前へ進もう。

２０１８年11月14日 掲載

多様な工程に、役割が生まれる

よく、地域の方から「冬は男性が出稼ぎに行って、女性が雪の間、家を守っていた」という話を聞く。

農園スタッフ女子３人と２週間、干し芋加工の技術を学ぶため、そして加工所建設中止となり、行き場を失った皆の芋たちを干し芋にすべく、日本農業実践学園へ出稼ぎ加工に行くことになった。

学園では、先生、寮生活をしている学生、そして地域のパートの皆さん、海外の方もいて、多様な面々がいるチームで働いた。行く前から「干し芋作りはチームワークだから」と何度も先生に念を押されていた。普段、少人数で農業をしている私たちにとって、大人数で働くのは新鮮だった。自然と背筋も伸びる。

干し芋作りはとても工程が多い。洗う、蒸す、皮をむく、スライスする、並べる、そして乾燥したものを一枚一枚はぎとり、丁寧に袋詰めしていく。

全ての作業が同時進行で行われるのだが、だからこそ、どの人もどんな人も役割を持つことができ、どこかの作業にその人なりの「得意」や「好きな作業」を見いだすことができた。

加工メンバーとともに

これはさつまいも作りでも感じていたワクワクだった。さつまいもの栽培も、芋植え、芋掘りは人海戦術。苗を並べる人、穴を開ける人、苗を差す人、土をかぶせる人…この中では私の3歳の娘も活躍する。

実は産前産後、みんなと同じ時間に、同じことができないことに孤独を感じていた。一気に居場所が遠くなった。だから、子育て中の女性やご高齢の方、障がい者、もちろんこどもも一緒に交じり、多様な人たちが楽しく一緒にものづくりができる空間を夢見ていた。

今回、いつも東京から十日町に農作業ボランティアに来てくださっていた方も、3日間だけ一緒に干し芋作りに参加してくれた。会話の中で新しい視点を得たり、指導いただいたり、本当に嬉《うれ》しかった。

多様な人たちでものづくりをするワクワクは、雪のようにしんしん積もる。

2018年12月12日 掲載

こどもの「私もチャレンジしたい！」を叶える

あるときから、娘は「やりたい、やりたい！」が口癖になった。

それは田んぼや畑に連れていったときに大爆発した。大人の鍬《くわ》を使いたいけれど、重すぎだし長すぎ。でもおもちゃじゃ物足りなくて、かんしゃくをよく起こした春だった。

かと言って、こども用の鍬はどこにもない。ならば「自分たちでこども鍬をつくろう！」と農園スタッフで商品開発が始まった。

飛び込みで依頼した、ものづくりのまち三条市の１００年以上続く鍬専門の鍛冶屋「近藤製作所」さんが、「面白いね！」と快く製作を受けてくださった。

近藤さんのアドバイスを受け、安全だけど本物の「こども鍬」ができた。柄の部分の木のざらりとした手触りに、胸が高まった。うっとりするほどの愛《いと》おしさを鍬に抱いた。

それ以上に、サンプルを渡したときの娘の喜びようは今でも忘れられない。「やりたい」をかなえた子は、水を得た魚のようにこんなにもイキイキするのかと、ぐっとこみ上げるものがあった。

今年はつらいことが多かった。自分の未熟さを知り、人を信じることができ

鍬のサンプルを手にする娘

なくなりそうになった。事業に関わってくれた方への謝罪の日々。金銭面の損失もあった。誰のため、なんのため、そしてなぜ私はここで農業をしているのか、見失ってしまった。

けれど、「私もチャレンジしたい」をかなえ、田畑で笑う娘の姿を見た。「農業は楽しい！　畑って気持ちいい！」と感じていた移住当初の自分と重なった。「失敗を恐れず毎年チャレンジし続けることが、農業であり人生」と、何度も教えられたじゃないか。

私たちの願いをかなえてくれた近藤製作所さん、そして挑戦を実現できて喜ぶ娘が、私が好きな、ワクワクに溢《あふ》れた田畑を見せてくれた。また1年、土からワクワクを生もう。

2018年12月26日 掲載

はーい
戻りましたよ〜

第6章

たねとなる

新しい

一歩に向けて

2019年

一歩踏みだすことで気付く愛情

まっしろな空をちぎってゆくように、目の粗い雪が次から次へ降ってゆく。その奥に、しんと建つ神社が見える。娘の頭に吸い付くように小さな雪玉が着地してゆくのを見て「わわ」と、フードをかぶせる。

さむいね、さむいねと、こだまし合いながら、娘の手をとり雪の上を歩いてゆく。先をゆく夫の黒いダウンにも、チョウチョウが集まるように、白い斑点が増えてゆく。

「二礼、二拍手、一礼」とひとつひとつ動くたびに、心で唱える。合わせる手にも、力が入る。

「昨年はお世話になりました」「今年も大きな問題なく過ごせるよう」「多くの人へ幸せをたくさん届けられるように」と、届けたい言葉はたくさんあるものの、結局は言葉にならない念になり、顔を上げる。

帰り際、神社の壁に「神の声は聞こえないが、人の声はいつか届く」といった趣旨のものが飾られていた。「人事を尽くして天命を待つ」と似たものを感じた。

「必要とする人のため」「その人たちのために、一生懸命取り組めば」「いつか、

あいさつ先で出会った大きな雪だるま

なるようになる」「たとえそれが、今思い描いている未来と違っていても」―。そのような言葉を、年末にいろんな方からいただいた。

新しい一歩を踏み出すということは大変だが、一歩を踏み出さなければ、今まで支えてくれた人たちのあたたかい気持ち、深い愛情、今とは違う、新しい未来の選択肢に気づくことができなかった。当たり前にいただいていたものが、当たり前でないことに気づいた。

離れてゆく移住者もいるなか、9回目の冬を今年もここで迎えられること、たくさんの仲間と家族をこの地からいただいたこと、そして土より恵みをいただいていること…。いただいてばかりの私は、まだまだ人事を尽くす番だと思いながら、帰路についた。

2019年1月9日 掲載

言葉の外側にある声なき声が、道しるべになる

冬は干し芋の販売で休みなしだったが、少しの時間、嵐のように過ぎた去年の作を振り返り、また次の春に思いを馳《は》せて計画を立てる時がある。こういう時に、農繁期につづってきた日記が道しるべになる。

コミュニケーションに悩んだ昨年の日記。ある記述が目に留まった。

田んぼに敷いた板の上をてんてんと歩きながら、苗を見に行った春の日のこと。線香花火の最後の火の玉のように、こらえきれずどっぷり溢《あふ》れ落ちたような夕日が、前を歩く、橋場さんの真っ白なシャツに吸い付く。

『ほら、葉っぱに細かい毛があって、夕方になったら、一日吸い上げた水が粒になって、葉っぱにころころのぼってくるんだ。これが見られなかったら、水が足りないってことだ』

しゃがんで葉を触る、橋場さんの太い指。苗に目線を近づけると、葉に宝石のピアスを刺したように水玉がころころときらめいていた。目を上げると、一面に広がる青々しい小さな苗たち。そこにばらまかれた、ガラス玉のような水滴。

こんこんと夕日に照らされて、一日を終えてゆく苗と、後ろで手を組んで帰

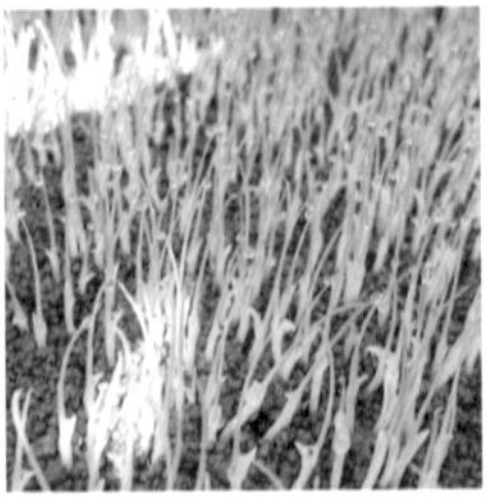
水滴の乗る苗たち

る橋場さんの丸い背中を前に、人間と作物、外見は全く違うけれど『命あるもの』という共通項だけでわかり合っているように見えた」

言葉にすることがコミュニケーションだと思っていたけれど、言葉の外側にあるものを読み取ることが必要だった。言葉以外のものを観察し、想像し、そっと寄り添って手を貸す。と、橋場さんは遠くの山を指さした。

「山に、あの白い花が咲くと、豊作の年なんだよ」

振り向いて、また目の前のものたちの声なき言葉をそっと教えてくれた。

今は瞬発的に反応するコミュニケーションが求められがちだが、その本質はもっとじっと静かに、なぎのような心で耳をすますことだった。

２０１９年１月23日 掲載

誰でも、きぼうの始発駅

農業は、こころのほこりをふっと、飛ばしてくれるような瞬間がある。言葉ではないところに、目に見えない大切なものがあるような。

私は人見知りをよくし、人と話すときはとても緊張するので、対面で瞬発力が求められる対話が苦手な方だ。そのせいか、自然や作物が投げかける言葉ではないコミュニケーションが心地よかったりする。

そんな中、この「きぼうしゅうらく」を書き始めた頃から、さまざまなお手紙をいただくようになった。

冬の日、牛舎の掃除をしていると「おーい」と郵便屋さんが手渡してくれたお手紙、草刈り帰りに住んでいた分校の玄関で、夕日に照らされオレンジ色に染まったお手紙など、遠くから届く誰かの言葉は、私の支えとなった。また、対面であたたかい言葉のお返しをいただくことは、人見知りの私にとってはとても嬉《うれ》しいことだった。

この連載が3月で終わることとなった。「きぼうしゅうらく」というのは、「なんでもうまくいってる成功した集落」という意味ではなく、いままで私が地域から教わってきた「限界をきぼうに変える力」「きぼうを諦めない力」「小さな

さつまいもに触れる手

日々からきぼうを見いだす力」を持つ人や農業者の集合体のこと。「私もそんな大人になりたい」と移住した当時の気持ちを忘れず、「きぼうしゅうらく」と、思いを名前に込めた。

誰かが言葉にした小さな希望が、誰かの人生を変え、未来を変え、地域を変えてゆくのを目の当たりにしたからで、誰でもきぼうの始発駅になれると当時は勇気をもらった。お手紙を書いてくださる方も声をかけてくださる方も、私にとっての始発駅。雪が、まださかりの十日町。最近は事務所で、遠くの誰かへ干し芋を届ける作業ばかりだが、それもまた、山の恵みから、きぼうを届ける始発駅なのだと思えた。

2019年2月13日 掲載

自分の人生は、自分が楽しむためにある

果てしない雪原のおもてに、動物の足跡がそこかしこに弧を描き、それぞれの家路に向かって伸びているのを見つける。小さなひとつひとつの足跡を目で追いかけながら、動物にさえも、帰る場所があることに気付く。

分校で1人暮らしをしていたとき、その事実に寂しさを感じていた。当時は、家族や恋人や気の置けない同級生や、同じような境遇の仲間など、そのどれもが私にはなかった。

いま、私には大切な家族ができた。夫と娘、そして夫の周りにいる同じように大切な人たち。同じように農業をがんばる仲間も増えた。どんなに農業がうまくいかず、難しいときになっても、私はゼロにはならない。本当に大切なものが残ってるじゃない、それだけで「明日も生きてみよう」と思えた。

最近、独身のときによくしてくれていた水落久夫さんご夫婦と本当に久しぶりに、バッタリ会うことがあった。結婚式でも大変お世話になり、顔を見ただけでほっとした。農業をしている地域から、住まいのある今の地域に拠点が少しずつ移っていくなかで、嬉《うれ》しい偶然だった。そのときはごあいさつしただけだったが、昔、同じような冬のこの時期に食事に呼んでくれ、かけてくれた言

葉を思い出した。

「まずは、かなこ自身が自分のことを考えて、しあわせにならなきゃ。かなこはかなこの人生を歩むのが一番なんだから」

誰かのため、地域のため、それも大事だけど、自分の人生は、自分が楽しむために自分らしく歩んでいい、と。

いま再び、仕事（農業）と、くらしと、子育ての歯車の回し方や、これからの働きかたに悩んでいたからこそ、水落さんの顔を見て、ふとその言葉を思い出した。かけてくれた言葉たち、それもまた私がゼロになったとしても残る、大切なものであり、十日町でいただいた言葉の力だった。

2019年3月13日 掲載

おわりに　きぼうは、足元にある

諦めや、「無理だ」という先入観を超えて、「ありのまま」に向き合ったときに出た言葉は、きぼうとなり、人と思いを集め、そして現実になる。

そのことを、集落の「限界をきぼうに変える力」から学びました。

農業の師匠たちはまるで哲学者でした。

効率や経済性などを求められすぎる今、里山農業にも、稼ぐことと暮らしとの間にズレや違和感が生じてきています。しかし、かつてはくらし・しごと（経済性）・こそだてが混ざり合った部分から、その地域にフィットした仕事や文化、新たな価値を生みだしていた「経済と暮らしを共存させる姿」。多様性が共存する自然から多くを学び続けることをやめず、ＡＩには取って代わることのできない「人間らしい感性をはぐくむ姿」。毎年違う気候や作物の成長、政治情勢など変化し続けるものの中で、「来年こそは」と失敗と挑戦を繰り返し、「なにかを生み出し続けてきた姿」。そんな師匠たちの姿は、彼らが目に見えるもの、数字で測られるものだけではないところから、自分たちなりの生きる哲学を形作っていた証しです。

それは先の読めない時代を生きる今こそ、人が人らしく、明日を切り開く力に思えました。日本特有の豊かな自然環境と小さく豊かな農業から生まれる感性は持続可能な開発目標（ＳＤＧｓ）の実現を目指す世界においても共感され、日本らしい何らかの力を発揮するようにも思えるのです。まだまだ私は旅の途中です。今も私は、自分らしくきぼうを言葉にし、挑戦し続けているか、問い続けています。答えはいつもすぐそばにある、と師匠たちが示してくれた北極星をときどき見上げながら。

最後になりましたが、なにもできない私に、農業を通じて生き方を教え続けてくださった池谷・入山集落の皆さま、飛渡地区、高長醸造場の皆さま、いつも支えてくださったボランティアの皆さま、連載を読んでお手紙をくださった皆さま、今までかけていただいた言葉は全て、私の宝物です。たくさんの感謝の気持ちとともに、いただいたきぼうたちを次の世代のこどもたちへ手渡せるよう歩み続けたいです。

いつも伴走し励ましてくれる夫、農の喜びをより気付かせてくれた娘たちに出会えたことは、私の新たなきぼうです。

中山間地域の農業から、言葉を届けましょうと、連載のお声をかけてくださった新潟日報社の石原亜矢子さん、担当の高橋渉さん、本という形にまとめようと応援してくださった同社社長の小田敏三さん、新潟日報事業社出版部の佐藤大輔さん、松井奈菜子さんに、心よりお礼を申し上げます。皆さまとのやりとりは、大変な励みになりました。また、思いを乗せた言葉を、デザインの面で素敵な形にしてくださったアドハウスパブリック白井豊子さん、山﨑かおりさん、本当にありがとうございました。

拙い文章ですが、最後まで読んでいただき、本当にありがとうございました。本書を手にしてくださった皆さまが、足元にある小さな暮らしの中から、自分らしいきぼうを見つけ、言葉にし、自分らしく歩むあしあとが、こどもたちにとってのきぼうへと変わってゆくことを願っております。

きぼうのあしあとを、未来に向けてつけてゆく、旅をしよう。
心動くほうへ、ただただ歩いて、自分らしい道にしてゆこう。

２０１９年夏　産まれたばかりの次女の隣で　佐藤可奈子

私と仲間たちがつくる農産物や、商品など左記のページからお買い求めいただけます。
また、日々のコラムや写真もこちらでご覧いただけます。ぜひご感想をお聞かせください。

雪の日舎ネットショップ：https://snowdays.jp

Facebook「雪の日舎」：https://www.facebook.com/snowdaysfarm/

Instagram「雪の日舎」：@yukinohi_sha「佐藤可奈子」：@kanayan_farm

note「佐藤可奈子」：https://note.mu/kanakosato

LINE@「雪の日舎」：

佐藤　可奈子（さとう　かなこ）

1987年香川県生まれ。立教大学法学部政治学科卒業。卒業年の2011年に新潟県十日町市池谷集落に移住、就農。

移住女子としてフリーペーパーの発行などに携わる。2018年株式会社雪の日舎設立。「雪国の里山農業から、心うごく世界を」をテーマに、里山農業の魅力を届けるべく、営農・商品開発・通信販売・情報発信を行う。

十日町市農業委員、新潟県農林水産審議会委員、内閣府の有識者委員を歴任。ForbesJAPAN「日本を元気にする88人ローカルイノベーター」に選出。「平成29年度 女性のチャレンジ賞（内閣府男女共同参画担当大臣賞）」受賞。食べることと、読書が好きな二児の母。

【おことわり】

本書は新潟日報の連載「きぼうしゅうらく　移住女子と、やま暮らし」（2014年3月1日～2017年3月18日）、「きぼうしゅうらく　未来につなぐ、里山暮らし」（2017年4月12日～2019年3月27日）から抜粋し、加筆修正したものを一冊にまとめたものです。

なお、本文中の表記は基本的に連載記事に準じています。

きぼうしゅうらく　移住女子の里山ぐらし

2019（令和元）年9月14日　初版第1刷発行

著　　者　佐藤可奈子
発 行 者　渡辺英美子
発 行 所　新潟日報事業社
〒950-8546
新潟市中央区万代3丁目1番1号
メディアシップ14階
TEL　025-383-8020　FAX　025-383-8028
https://www.nnj-net.co.jp/
印刷・製本　株式会社　小田
デ ザ イ ン　白井豊子（株式会社アドハウスパブリック）

定価はカバーに表示してあります。
落丁・乱丁本は送料小社負担にてお取り替えいたします。
ISBN978-4-86132-724-7